中原地产红皮书2010 综合卷

中原集团研究中心　著

中国建筑工业出版社

图书在版编目（CIP）数据

中原地产红皮书2010/中原集团研究中心著．—北京：中国建筑工业出版社，2010.12
ISBN 978-7-112-12685-9

Ⅰ.①中… Ⅱ.①中… Ⅲ.①房地产业-研究-上海市-2010 Ⅳ.①F299.233

中国版本图书馆CIP数据核字（2010）第228018号

本书以翔实的第一手的数据资料及调研资料，系统地介绍了2009年和2010年上半年中国房地产市场的总体情况，以及土地市场、住宅市场、写字楼市场等各细分专业市场的发展与变化。本书着重分析了在经历严格的调控政策和融资考验后，中国房地产市场的格局变化及各细分市场的变化，主要包括市场格局变化和行业战略转移，分析了标杆房企随城市布局变化的重心调整和发展战略改变；土地市场发展变化特征，详述了调控政策下中国土地市场的制度创新，以及土地市场高位运行下的少闲地，低流标率和高溢价率；住宅市场分化并日趋成熟，政策趋严下二手楼市道路曲折；以及写字楼市场的巨大潜力和全国十大城市写字楼市场的综合评价和发展点评。本书可对房地产专业人员分析研究市场环境与发展起到借鉴作用，对普通大众的投资置业行为也具有很强的指导意义。

责任编辑：徐　纺　滕云飞
责任设计：陈　旭
责任校对：王雪竹　赵　颖

中原地产红皮书2010
中原集团研究中心　著
*
中国建筑工业出版社出版、发行（北京西郊百万庄）
各地新华书店、建筑书店经销
华鲁印联（北京）科贸有限公司制版
恒美印务（广州）有限公司印刷
*
开本：787×1092毫米　1/16　印张：66　字数：990千字
2010年12月第一版　2010年12月第一次印刷
定价：880.00元（共七卷）
ISBN 978-7-112-12685-9
（19955）

编委会

在起伏中前行

在资金泛滥的激流与政府的轮番调控的背景下，2010年的中国房地产成交量大起大落，市场在跌宕中前行。

一线城市是市场资金聚焦所在，也是调控政策的风眼。高收益与高风险素来都是同时出现的双生儿，这些一线城市虽然曾经是许多开发商捞得第一桶金的发源地，但地价急涨、成本增加所隐含的经营风险也确实让一些开发商胆寒。反观二、三线城市由于房地产市场发展较晚，刚性需求大，不少开发商为了稳定发展、分散风险，纷纷开拓二、三线城市的商机。

这期的红皮书除了增加了关于二三线城市市场的篇幅外，也对于一些标杆企业如何转战这些新市场作出深入探讨。即将来临的会是开发商的战国争霸大时代，战场从个别城市走向全国。日后是飞龙在天抑或是亢龙有悔，取决于企业的各种资源整合能力，而其中最重要的是对不同市场的认知。

今年已经是红皮书的五周年了，我们也一直在增加研究覆盖范围。这虽然在某种程度上反映了中国房地产市场的热度流向，但更多的是反映了中原市场研究力量的发展。我们的原则是求精不求量，不想纸上谈兵、滥竽充数，所以没有业务扎根的城市我们不发表研究报告，即使有业务但研究力量还不能做到定期深度分析的，我们也不会纳入红皮书的内容。每一份红皮书内的报告都需要精准、真实地反映市场的真相，这是红皮书编辑的一份神圣的使命。

黎明楷
中原集团总裁
2010年10月

目 录

公　司

插图目录

表格目录

引言　影响近年我国楼市的关键因素

中原集团研究董事　程浤

2007年、2008年、2009年及2010年，中国楼市两起两落的跌宕起伏，可以看到基本面并未发生质的变化，关键性的影响因素是融资环境及资金的流动性。再加上中国房地产市场典型的“政策市”特征，每次市场的调整幅度与持续时间都很有限。2009年底房地产市场由“国四条”和“国十一条”再次拉开了调控的序幕，并且随着市场的演化，调控政策在过去半年时间里逐步升级，调控基调由年初的“稳定”演化到年中的“遏制”，取态愈加严厉和强硬。进入第三季度，随着市场对政策的耐受性增加，市场快速回升，新一轮的调控信号再度响起。在未来一段时期内，流动性及政策走向仍将是左右楼市起伏的关键因素。

（一）流动性左右楼市起伏

在上升周期中，资金的流动性对市场的短期走向起到了关键性作用，实为市场的发展源泉和动力。在资金流动性旺盛的情况下，对于房地产开发企业而言，融资顺畅促进其扩张及投资开发，从而带动土地市场的活跃、开发建设市场的繁荣；而对消费者而言，信贷宽松刺激投资性需求入市，进而助燃成交氛围，加大市场的活跃。反之，若流动性严重不足，企业则收缩战场、减少开发，而消费者亦将观望，市场顿陷萎靡。因此，在目前个人房贷和房企融资贷款仍然吃紧的情况下，房地产市场形势仍相当严峻。

◆ 信贷影响市场销售

通过对比我国近年货币供应量与房地产开发、销售情况的关系，可以清晰地看到，随着货币供应量的起伏变化，房地产开发投资和销售亦同步变化，其中销售市场更为敏感，变化更为显著。这一关系在过去的2007～2010四年内，经历了明显的四个阶段——增长期（2007年1月～2007年10月）、增速回落期（2007年11月～2009年1月）、快速反弹期（2009年2月～2009年12月）、再次回落（2010年1月至今）。

增长期（2007年1月～2007年10月）：货币供应量稳步增长，M1平均增速为21%，相应的，房地产开发投资和销售亦保持较高的增长速度，平均增速均达29%，但销售增长的波动更大。

增速回落期（2007年11月～2009年1月）：2007年底始，随着信贷政策的收紧，货币供应量增速放缓，M1由2007年10月的22%下降至2009年1月的6.7%。在此期间，房地产开发投资增长亦呈减速，由2007年10月的39%回落至2009年1月的5%。而销售面积增速波动更为显著，由2007年11月的24%回落至2009年1月的负5%，其中2008年11月为负33%。

快速反弹期（2009年2月～2009年12月）：2008年底货币政策再次宽松，货币供应量增速开始上涨。随之，房地产开发投资增速开始回升，由2009年2月的1%快速上升至9月的35%。虽然10月份投资增速略有下降，但仍与2007年增长期的平均水平相当。销售市场在回落期下跌尤为剧烈，在反弹期上升同样强劲。销售面积增速由2008年的负增长快速反弹，其中2009年8月和10月的增速均超过80%。

再次回落期（2010年1月至今）：随着年底适度宽松的货币政策基调的确立，货币供应量M1增速于2010年1月逼近40%即回落至6月的25%。受信贷及政策的影响，2010年中国楼市也是一波三折。2009年底各界对房地产调控预期加强，加上春节因素的影响，2010年1～2月房地产销售市场开始萎缩。而由于两会房产调控的不作为，刺激销售市场再次反弹。4月中旬史上最严调控政策“国十条”强

图0-1　全国房地产开发投资额、商品房销售面积与信贷增长变化情况

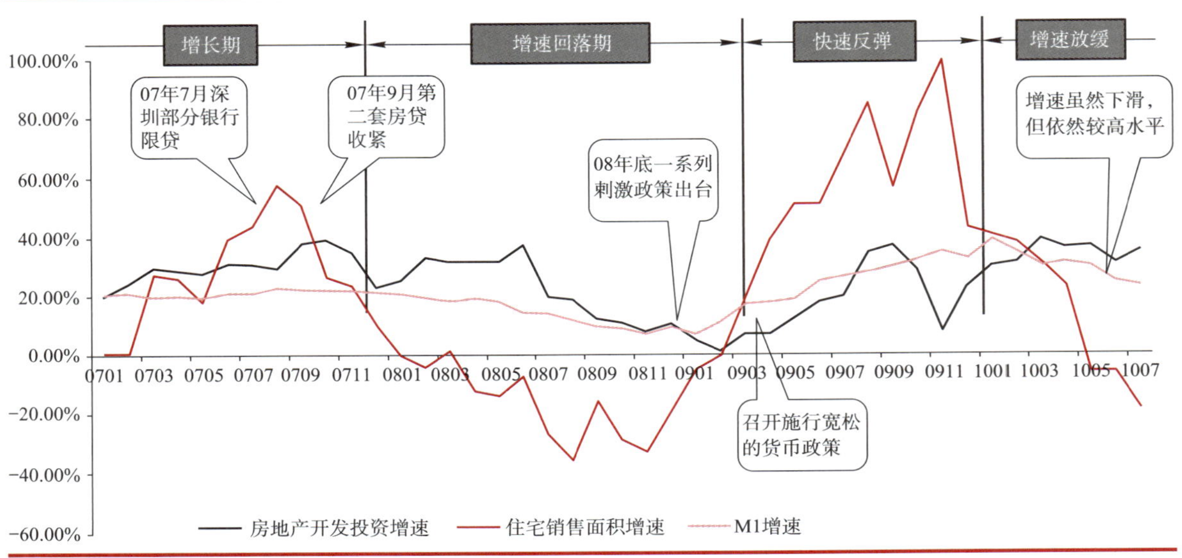

注：M1指狭义货币供应量，指除银行体系以外流通的现金+企事业单位活期存款。
数据来源：中央人民银行，各地房地产交易中心，中原集团研究中心。

图0-2　中国重点城市住宅销售面积与信贷增长变化情况

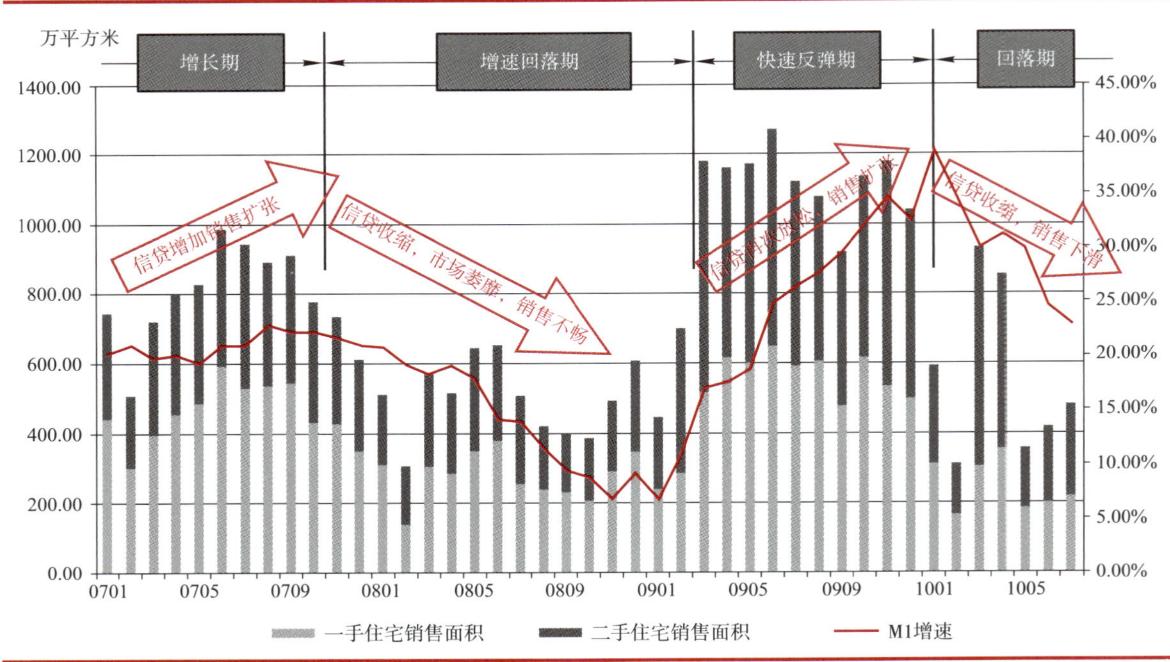

注：销售面积为北京、上海、广州、深圳4个城市一二手住宅销售面积；
数据来源：中央人民银行，各地房地产交易中心，中原集团研究中心。

势出台，其中房贷政策即刻收紧，房地产销售顿陷低迷。2010年5月京沪深穗四大城市一二手住宅成交面积达2007年以来的最低谷。而由于2009年下半年开发商纷纷加大开发力度，以及2009年火爆的销售使大部分开发企业在2010年上半年处于不缺钱的情势下，信贷紧缩对房地产开发投资造成的影响暂未显现，上半年房地产开发投资增速依然保持35%左右的高速增长。

根据以上分析可知，销售市场的繁荣和低迷与信贷政策的走向息息相关，因此，我们认为未来销售市场的发展变化，仍依赖于银行信贷政策的松紧程度和执行情况。从目前来看，虽然在价格适度下调及刚性需求的带动下，销售市场略有回升，但各地房产信贷政策依然收紧且银行开始了新一轮的严格执行，预计短期内销售市场仍难有大幅度反弹。且受信贷政策的进一步影响，预计房地产开发投资增速会有所回落，但随着下半年供应高峰的到来以及保障性住房建设的提速，其仍将在较高水平运行。

◆ 融资决定行业兴衰

分析过去两年国内开发行业的大起大落不难看出，行业发展与外部融资密切相关。而随着市场份额增加，标杆房企[①]通过定价权引导市场（包括一二手）走向。因此融资环境的变化，即能决定整个行业及市场的发展。

2007年，资本市场空前繁荣，通过银行贷款和股市增发而大量融资的房企大举购地。通过分析十大标杆房企的财务数据，其平均销售净利润率仅15%，相比高额的购地开支，仅靠自有利润显然无法满足房企购地需要，更不足以维持其在过往5年内（2004～2008）将近50%的年销售额增长率以及55%的总资产年增长率。可见，外部融资（包括债务融资和股权融资）才是2007标杆房企资产高速增长的主要原因，也是开发企业得以持续扩大业务规模的保证。

2008年政策全面收紧，使当年开发行业融资困难，又遭逢销售低迷，全行业陷入资金困境，开发商被迫降价以换取销售回款，亦鲜有购地扩张。2009年，受金融海啸影响，政策方面为内地房企，尤其是大型房企打破了融资桎梏，从而为2009年全行业的集体扩张奠定了基础。截至2009年全年各类融资金额共计达2000亿元，比2008年增加169%，全年外来资金规模（融资额）相当于经营性收入（销售额）的79%。各类融资中，传统类的贷款形式（银行贷款+授信额度）依然占有最大份额，而股权融资占比次高，“万保招金”、绿城、中海纷纷从增发中直接获益。

而2010年开发商的国内融资途径再次遭遇围堵。2009年第四季度以招商地产和万科为首的上市房企近700亿元增发申请即告暂停。2010年4月国务院再次发出通知，要求加强对房地产开发企业购地和融资的监管，主要措施针对存在土地闲置及炒地行为的房地产开发企业，要求商业银行不得发放其新开发项目贷款，证监部门暂停批准其上市、再融资和重大资产重组。2010年8月土地清查再次升级，国土部公布闲置土地企业名单，并将名单递送融资相关部门。房地产企业国内融资途径虽未全面封锁，但无异于告停。由于国内融资环境的恶化，2010年上半年十大标杆房企共计融资达到323亿，仅占去年全年融资额的25%。且从其融资渠道来看，外部融资比例超过80%，外资银行、基金、债券为其主要途径。

但值得关注的是，虽然下半年房地产企业融资的继续受限、政府清查打击囤地力度的加大，但从第三季度的情况来看，大型房企资金压力有所好转。随着“金九银十”传统销售旺季的到来，市场销售迅速回升相应加快了房企销售回款的速度。从已公布8月公报的万科、富力两家标杆房企的情况看，8月份销售金额较去年同期分别增加了149%和45%。其中万科单月销售过百亿元，更是刷新了国内房地产企业单月销售记录。再加上9月5日，《保险资金投资不动产暂行办法》出台，此办法是保险资金投资房地产市场的具体执行细则的进一步细化，巨额的保险资金[②]入市，对于常规渠道融资受限的开发商，无

① 本报告中所指“标杆房企”包括以下10家上市公司：保利、复地、富力、华润、金地、绿城、万科、雅居乐、招商、中海。

② 截至2010年6月底保险业总资产为4.52万亿元，按规定的投资上限10%计算，预计可投入房地产领域的资金高达4520亿元，约占2009年商品房销售金额的10%。

疑是一利好消息。因此，如何监管、规范使用进入房地产市场保险资金，将在一定程度上影响调控的实际效果。

也许是由于大型房企“不差钱”的缘故，8月始土地市场热闹非凡，房企频频出手增加土地储备。万科仅8月份就在深圳、长沙、福州、沈阳等地购入商品住宅用地166.5hm^2，购地金额78亿元。9月上旬，各地“地王”又现，上海、广州、武汉三市均出现新的“地王”。而各地政府为完成今年供地计划供应放量也为“地王”的诞生创造了条件。预计后续土地将维持放量供应，优质地块仍将受到各家开发商争夺，将可能看到更多“地王”的诞生。

近期市场的回暖和新地王的频现，对仍在调控中的楼市及政策当局而言，未必是正面的信号。且从近期主流舆论和中央领导人的言论中可以看出，未来政策仍将侧重收缩房企的融资和打击囤地。无论是北京、苏州正在酝酿出台楼盘的预售款专项监管措施，还是正在进行的囤地清查，政府均意在“敲山震虎”，迫使开发商放弃调控放松的幻想，加速推盘入市。在目前我国的房地产开发过程中，预售款构成了房地产企业的重要资金来源。据中原地产监测数据显示，2006至2009年期间，预售款占房地产开发资金来源比重达四成。因此，一旦全面严格实行商品房预售款监管，将使开发企业对资金的腾挪术受限，其资金链无疑将再次受到严重威胁。

融资促成了2007年的繁荣，造就了2008年的颓势，亦为2009年的全行业复苏创造了条件，而2010年融资环境的转变再次使行业陷入回调。因此，融资环境是主宰房地产行业兴衰的关键。

标杆房企历年购地、融资、销售金额对比（2007～2010年1～8月） 表0-1

年份	购地金额	融资金额	销售金额	购地/融资	购地/销售
2007	1515	1354	1540	112%	98%
2008	496	1002	1632	50%	30%
2009	1980	1512	2847	131%	70%
2010年1至8月	1205	496	2066	243%	58%

单位：亿元

数据来源：中原行业监测系统，中原集团研究中心

图0-3 标杆房企融资渠道（2009～2010年1～8月）

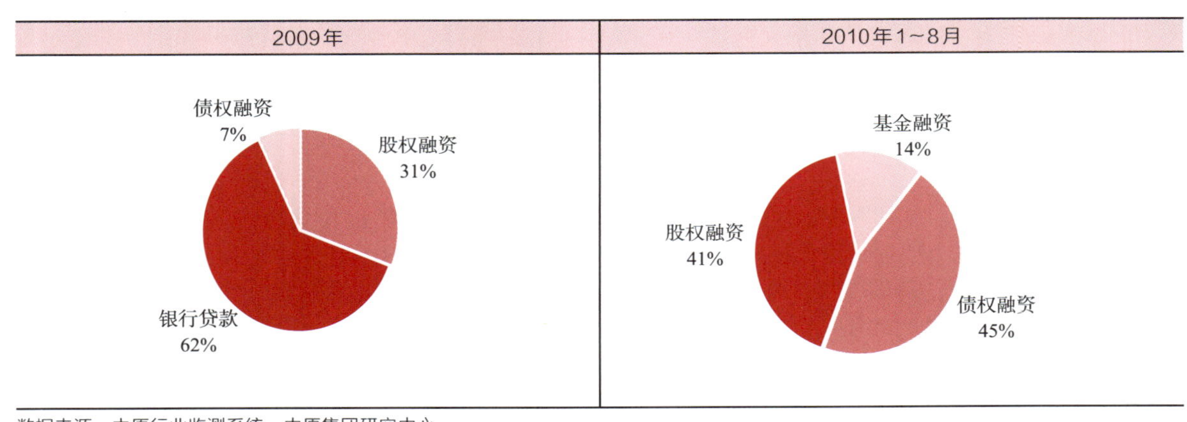

数据来源：中原行业监测系统，中原集团研究中心

（二）三“度”影响政策走势

近年调控的效果明显地受到三大要素的左右，即银行房贷的执行尺度、地方政府的执行力度、舆情监督的正义程度。在此三大要素的影响下，2010年上半年的调控初见成效。但是虽然各地过快上涨的房价势头初步得以抑制，然而除个别城市外，上半年大部分城市房价仍未见明显下调。由于8月各地住宅市场成交回升势头初显，且房企降价幅度不明显，8月31日，人民日报再次发表评论文章《房价合理回落是大势所趋》，使得史上最严厉的持续了4个多月的房地产宏观调控有望进一步升级。而后续政策的具体动向，仍将取决于此三大要素的变化。

◆ 银行信贷的执行尺度

银行的财务杠杆对需求的释放起着重要的作用。因此，通过收紧信贷来抑制需求的效果，很大程度上依赖银行对于信贷执行的宽松尺度。

本次调控对市场产生最直接影响的政策仍是二套房贷政策。4月17日，国务院提出二套房贷政策；6月4日，史上最为严厉“认房”又“认贷”的第二套住房认定标准发布，并对异地购房信贷作出了新的规定。新政甫出，各地各商业银行纷纷停止了第三套房及外地购房者的贷款审批。根据中原地产的调研可知，7月初各地商业银行在房贷执行上均较为严格，北京、深圳、天津依然暂停第三套房贷的审批，部分城市银行第三套房贷略有放松。8月中，银监会再次叫停各地稍有放松的第三套房贷。在近期中央政府再次明确强势调控的坚定态度下，在房价没有明显向下调整的情况下，短期内二套房贷认定标准及房贷仍将被严格执行。迫于舆论压力，前阶段严控投资性购房的信贷政策仍在严格执行当中。重点城市如北京、上海等地三套房贷处于停滞，且从种种迹象表明房贷政策还在进一步收紧之中，如上海规定无法提供三年以上缴税证明的外地人暂停贷款，且据中原地产调研，上海多家银行的持证抵押贷款也陆续进入收紧或停滞状态。

然而中长期来看，个人房贷作为商业银行的优质贷款之一，依然是各家商业银行争夺的对象和目标。2009年底国内商业银行贷款的不良贷款率在比年初下降0.84个百分点的基础上仍达1.58%[①]，而个人房贷的不良贷款率普遍在0.5%以下，远低于商业银行的不良贷款率。因此，出于商业利益的考虑，商业银行放贷的欲望及冲动是毋庸置疑的，也是天经地义的。

◆ 地方政府的落实力度

值得注意的是，以“新国十条”为标志，此次调控将地方政府的问责放到了重要位置。不容忽视的是，在历次调控进程中，由于地方过度倚重土地经济，对中央的调控政策选择性执行或落实不力，是使各地房价陷入“越调越涨”怪圈的重要原因之一。因此，只有各地政府认真地在地方层面切实确保各项调控政策能充分发挥作用，才能真正达到调控的目标。

继2010年4月下旬中央出台一系列调控政策以来，北京、深圳、浙江、广州、重庆等省市陆续发布调控细则。目前来看，多数地区出台的政策基本和全国步调一致。且越是前期市场较为疯狂的区域，地方政府出台的政策越为严厉。其中，以北京“同一购房家庭只能在北京市新购买一套商品住房”的政策最为严厉，且于2010年8月中旬再次传出北京将出台商品房预收款监管制度。而沉寂多年的房产税也在上海、重庆多次传闻。但从各地市场反应来看，政策较为严厉的且细则出台较早的城市，楼市调控的进程也较快。相反，细则迟迟未出反而加剧了市场的观望。因此，为了加快市场的调整和稳定，预计后续地方政府也将加强相关政策的执行规范和力度。

然而出于经济利益，地方政府在政策执行过程或多或少有所打折，存留一定的操作弹性。因此，后续的政策执行仍需中央政府的大力督促和细则规范，问责政策的实施进程及效果。尤其在当下调控效果

---

① 中国银监会对外披露的《中国银行业监督管理委员会2009年报》

初见成效，但各地有效的供应尚未大规模释放、保障性住房亦没有实质性供应的阶段，各地政府有必要保持现有政策的调控基调，加大各层面政策的深化及实施力度，以防范市场有可能再次出现的报复性反弹局面。不然，任何的松懈或朝令夕改，都可能使本次调控再次受挫，功亏一篑。

2010年主要城市地方细则要点 表0–2

时间	城市	政策力度	政策要点
4月17日	全国	严厉	提出更为严格的差别化住房信贷政策，首套：90m^{2}以上首付3成；二套：首付5成，利率上浮1.1倍；热点城市暂停第三套及外地人购房贷款
4月30日	北京	极为严厉	同一购房家庭只能新购买一套商品住房；其他同全国
5月6日	深圳	严厉	叫停保障房上市交易；恢复执行“限外令”；其他同全国
5月12日	江苏	宽松	着力于供应端监管，通过对开发商行为的明确规范；商品房价格公示，促进市场有效供应，稳定市场价格
5月14日	浙江	宽松	二套房公积金贷款收紧；银行自定三套房贷；鼓励试点现房销售；增加住房有效供应；
5月15日	厦门	宽松	第三套房首付大幅提高；其他同全国
5月18日	广州	宽松	同全国
5月23日	重庆	宽松	没有对三套房停贷作出限制；同时对首次购买住房并以按揭方式支付的主城纳税人实行财政补助，政策有保有压
6月30日	天津	严厉	严控制高档公寓别墅建设；提高第三套房贷成数及利率； 查房企囤房捂盘哄抬房价；其他同全国
7月1日	广州	严厉	从2010年7月1日起，广州市上调房地产开发项目土地增值税预征率，普通住宅由原来的1%调整为2%。
7月14日	上海	严厉	上海市房管局、人行上海分行、上海银监局联合下发《关于转发〈关于规范商业性个人住房贷款中第二套住房认定标准的通知〉的通知》，内容与此前三部委制定的认定标准完全相符，从严执行二套房贷。
7月15日	北京	严厉	北京颁布二套房细则，规定北京贷款购房人在申请贷款时应填写《家庭拥有成套住房申报表》申报家庭住房情况，而银行应根据申报情况、面测、面谈（必要时居访）、征信查询、房屋交易权属信息查询等方式确定差别化住房信贷政策执行标准。
7月27日	广东	宽松	《关于运用价格政策促进限价商品住房开发建设的意见》，《意见》要求各地做好限价房开发建设，尤其是商品住房价格过高、上涨过快的城市，要切实增加限价房的供应，缓解“夹心层”住房困难问题。限价房指的是限房价、限地价的“双限”商品房，限价房实行政府指导价管理，由政府部门制定最高销售价格。
7月27日	浙江	宽松	浙江省政府办公厅发布《关于加快发展公共租赁住房实施意见的通知》，《通知》首次明确了公租房建设运营的方式、租金标准及退出机制，并要求商品住房价格较高、住房供应紧张及住房困难问题突出的大中城市，大幅度增加公租房供应。新建公租房可以是成套住房，也可以是非成套住房。
8月5日	重庆	宽松	重庆市商品住房预售方案发布。该预售方案示范文本包括项目开盘时间、开盘地点、本次预售全部房源、商品住房开盘建面均价、套面均价、开盘均价执行期限、代理销售机构和人员及遵守相关法律法规承诺等内容。
8月17日	深圳	宽松	9月1日起，《深圳市房地产市场监管办法》实施，《办法》重点是关于土地闲置、商品房预售等房地产开发经营阶段以及经纪机构规范经营的各项规定，特别在开发资金、预售资金、商品房价格、经纪机构代收购房款等方面做了相应的规范。
8月18日	天津	宽松	天津市国土房管部门颁布了加强房地产项目开发监管八项措施。主要包括，依法处置闲置土地，要严格按照国家闲置土地处置的规定，对闲置1年以上的必须收取闲置费，闲置2年以上的必须收回土地使用权。
8月20日	天津	宽松	9月1日起，《天津市城镇商品住房交易价格行为规则》实施，《规则》规定，商品住房交易实行明码标价制度；实行政府指导价的住房需公布价格主管部门制定的基准价格和最高销售价格，经营者不得在公开标明的商品住房价格外加收任何费用。
9月2日	上海	宽松	上海出台加强商品住房预销售行为管理的“沪5条”。主要涉及严格商品住房预售许可管理，完善商品住房销售方案备案管理制度，规范商品住房预订、销售行为，规范房地产经纪行为，加大对违法违规行为查处力度。

资料来源：中原集团研究中心。

◆ 舆情监督的正义程度

近年来，我国舆情的正义感不断提升，各类媒体监督着市场异动，揭露腐败及不合理现象，反映了民意的诉求。在今年以来的调控进程中，舆情造势就为楼市调控起到了推波助澜的作用。自今年3月28日起，央媒六连评矛头直指地方政府，而此后人民日报、光明日报，中央人民广播电台也持续炮轰高房价，热议房产税等调控房价的措施。

在时间节点上，今年一系列重大的严厉政策的出台，可明显地看到是政府迫于舆论和民意压力之所为。同时，在一些尚未定论的措施及政策发布之前，政府也开始有意利用舆情，散布信息，探测市场反应，调控市场预期。

然而，随着时间的推移，房地产市场对新政的耐受性正在逐步加强，各地调控政策执行若稍显出松懈端倪，无不在舆情的压力之下遁形，迫使各级政府不停辟谣。舆情对调控政策执行的监督功不可没，也将继续监督后期政府继续坚定地落实各项调控措施。

8月始各地楼市回升势头也正加强，使本轮宏观调控再次面临压力。虽然近期中央尚未出台更为严厉的楼市调控政策，但中央级主要官员的言论及舆论频频释放出加强调控的信息。国务院副总理李克强曾于八天内两度强调，“继续贯彻”调控政策，“坚决抑制”投机炒作；国家发改委主任张平8月26日指出，强调稳定房地产调控政策，进一步落实遏制部分城市住房价格过快上涨的措施，坚决抑制投资投机性购房需求。8月31日，人民日报发表评论文章《房价合理回落是大势所趋》称，“必须继续坚持调控不动摇，并根据市场形势变化及时进行政策微调。”并提出“如果调控长时间不能见效，应当适时出台进一步的措施。同时，应监督各地抓紧落实现有政策，对依旧‘房价过高、上涨过快、调控不力’的城市，应当进行曝光和问责。”可见中央政府对房地产市场调控的决心并未松懈，预计一旦各地价格若出现再次上涨，更为严厉的调控措施将陆续出台。

第1章 重心转移 二、三线城市潜力日益提升

1998年住房商品化以来，我国各城市的房地产业进入快速发展阶段。受到社会经济发展水平、区位差异等因素的影响，各城市房地产业的发展速度和总体发展水平出现分化。北京、上海、广州、深圳四大城市总体的发展水平遥遥领先于其他城市，成为我国房地产发展的第一集团。近年来，全国房地产市场经历了大幅的波动和调整，房地产格局也出现了新的变化趋势。各城市房地产发展水平间的差距进一步缩小，一线城市的领先优势出现明显下降。一些受到国家战略鼓励发展区域的核心城市，及在区域梯度发展中有效承接上级城市产业转移的城市，自身经济发展和整体实力得到极大提升，为当地房地产市场带来良好的发展机会，呈现出高速发展的态势。二三线中领军城市房地产市场的崛起是其前期经济持续发展、产业结构优化、城市化进程加速的必然结果。经济、人口容量的提升，引发了房地产市场各种需求的全面释放，从而促成了它们与一线领先城市间差距的逐步缩小。在整体发展水平不断提高的基础上，我国城市房地产市场极化发展的趋势有所弱化，各等级之间的差距进一步缩小，城市房地产市场发展格局正走向均衡化。

1.1 市场格局变化 二、三线城市迅速发展

1.1.1 市场表现更优：抗跌性强 反弹强劲

2008年至今，我国住宅市场历经了几次波动。2008年在行业内在因素和宏观经济外在影响的多重压力下，住宅市场步入周期性低潮；2009年在政策扶持之下，市场快速探底反弹；2010年以4月17日“国十条”新政为分水岭，市场又再次下挫，直至8月始现反弹迹象。从几次波动起伏看，二线城市的调整普遍滞后于一线城市，多数是在一线城市出现调整后受到市场整体氛围的影响而开始下调，而在市场反弹期则普遍反弹速度较快。以2010年的波动为例，3月中旬两会闭幕后，各地市场从前期季节性低谷开始快速反弹，其中二线城市反弹势头高于一线城市。3月中原监测的5个二线城市（天津、重庆、成都、杭州、武汉）总成交量环比增长149%，高于一线城市近30个百分点。其中重庆、武汉两市3月份一手住宅成交量已达到2009年全年的月均水平，而同期一线城市同比仍有3～6成的降幅。4月中旬新政出台后，一线城市市场迅速降至谷底，至6月份同比降幅高达6～8成，此后7～8月份逐渐企稳回升，同比降幅缩小至4成左右。二线城市在此次波动中，成交量在谷底徘徊时间依旧短于一线城市，自5月中旬始现大范围市场降温。至6月份探底之时，同比降幅普遍在3～4成。此后市场亦步入稳步回升

图1-1 重点城市一手住宅成交月度变化（2010年1～8月）

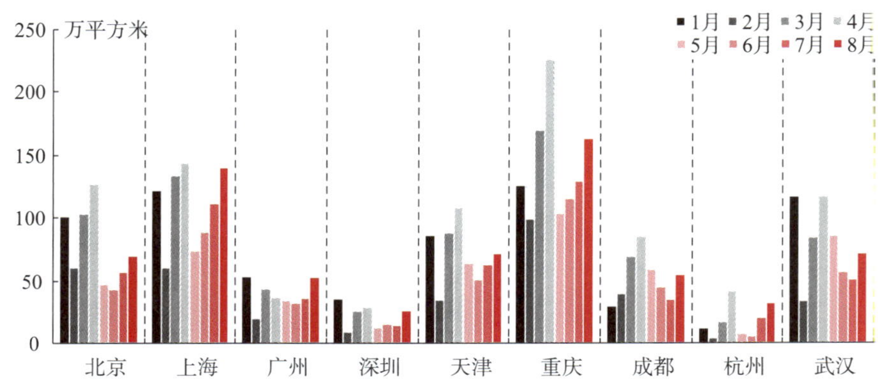

数据来源：中原住宅监测系统，中原集团研究中心。

期，至8月底，重庆、杭州两市已恢复至去年同期水平，成都、武汉两市同比降幅在3成左右，总体表现亦优于一线城市。各项数据显示：二线城市的新房市场较一线更抗跌，反弹亦更强劲。

1.1.2 发展重心转移 二线城市成战略中心

随着一线城市可供开发的土地资源日益稀缺、地价高企、竞争激烈，相对的二、三线城市土地资源丰富、地价低廉、开发风险低、发展空间大等诸多优势就更加显现。从1998年至2009年，全国除京、沪、穗、深四个一线城市以外的其余城市所占的房地产开发投资额比重，已由62%上升到84%，商品房销售额由80%上升到90%左右，商品住宅销售面积由79%上升到92%（图1-2）。全国住宅市场的发展重心逐渐往二、三线城市发展。从标杆房企[1]近4年的战略布局亦可看出这一趋势。2009年标杆房企在二、三线城市的销售面积占总销量的73%，而新增土地储备却占到总新增储备的85%，新增速率远大于消化速率。进入2010年，这一趋势有增无减。上半年十家标杆房企在一线城市的销售占比维持在20%左右。

图1-2 一线城市住宅发展占比下降

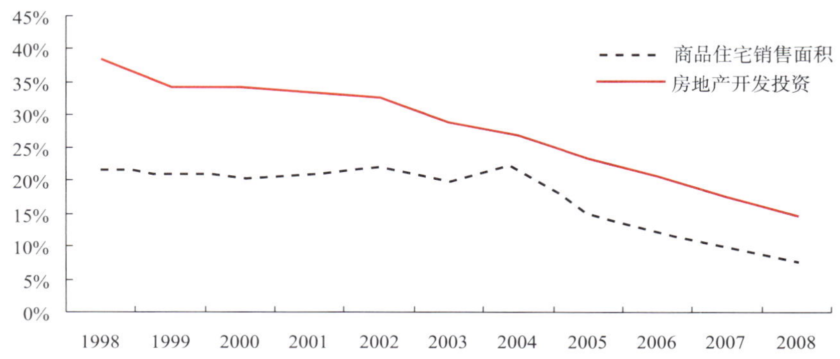

45%
40%
35%
30%
25%
20%
15%
10%
5%
0%
1998 1999 2000 2001 2002 2003 2004 2005 2006 2007 2008
商品住宅销售面积
房地产开发投资

资料来源：全国及一线四大城市历年统计年鉴。

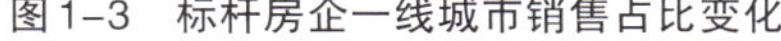

图1-3 标杆房企一线城市销售占比变化

资料来源：中原行业监测系统，中原集团研究中心。

① 文中所指“标杆房企”包括保利、复地、富力、华润、金地、绿城、万科、雅居乐、招商、中海等10家上市公司。它们2009年市场占有率约为10%，整体发展趋势能在一定程度上反映全市场的特征。

从近年各地土地供应情况看，住宅市场发展重心向二、三线城市转移的趋势仍将持续。中原监测的12个重点城市历年土地成交情况看，一线城市实际成交的土地面积占比在2008年达到30%后，近两年持续下降，2010年1～7月降至23%（图1-4）。目前标杆房企在一线城市的土地储备已从2008年的21%降至2009年的19%，从2010年的土地成交情况看，这一占比又有进一步的下降。我国的基本国情是人多地少，土地资源稀缺、土地供应有限。特别是经济发达的一线城市，土地供给和需求之间不断增长的矛盾尤为突出。有限的供应在一定程度上也加剧了购地成本，令一线城市的地价居高不下。2009年，全国重点城市居住用地的同时点地价房价比的总体平均值为31.29%，一线四大城市中除广州略低于此均值，其余三城市均在35%以上，最高的上海接近50%[①]。一方面是供应有限，对于房地产发展而言，土地是立足之本，没有土地就难言开发。另一方面，实际的成交又往往地价高企，令房地产开发成本骤增，增加了开发的风险。诸此种种，均导致一线城市在未来住宅市场发展的占比持续下降，二、三线城市将顺势成为发展重心。

图1-4　一线城市成交土地占比持续下降

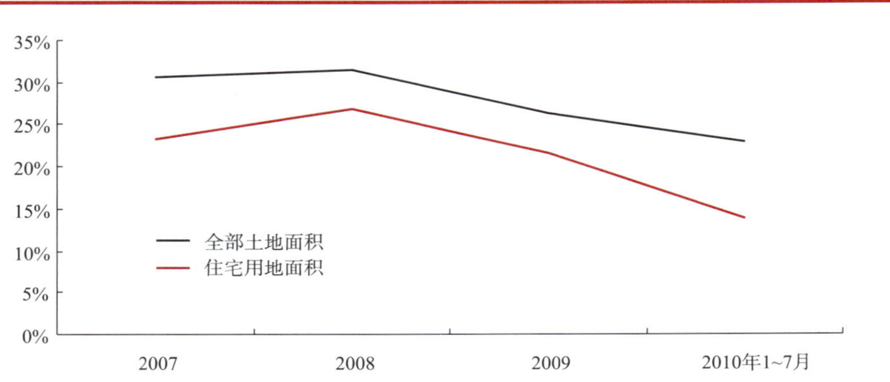

注：图中统计数据包括12个重点城市：北京、上海、广州、深圳、天津、重庆、成都、武汉、沈阳、长春、南京和杭州，为北京、上海、广州、深圳四大城市历年公开出让成交土地面积占全部12个城市的比重，为中原集团研究中心根据各城市土地资源管理部门公布的相关信息整理补充而得。

资料来源：中原土地监测系统，中原集团研究中心

1.2 多因素助推　二、三线城市蓄势待发

1.2.1 宏观层面　国家战略支持

1995年开始，国家对区域规划的调整力度加大，迎来了我国区域规划的第三次高潮：1999年提出西部大开发，2002年提出振兴东北，2004年提出中部崛起。近两年，区域规划的编制、实施步伐呈加速之势。突如其来的金融危机，更是让中国经济区域协调发展显得更为迫切。仅2009年一年，国务院即批复了7个上升为国家战略的区域发展规划[②]，其数量相当于过去4年的总和。2010年上半年，又有皖江城市带、柴达木地区、沈阳经济区、重庆两江新区和长江三角洲地区等多个区域规划获批。从国家区域发展战略看，区域调整的力度非常大，并呈现向中西部倾斜、由区域竞争向区域合作融合、由集中优势到优势互补的转变趋向。

① 2009年我国城市房价、地价持续上涨，地价占房价比例约为三成，中国土地勘测规划院城市地价动态监测分析组. 2010.

② 7个区域规划分别为：《珠江三角洲地区改革发展规划纲要（2008-2020年）》、《关于支持福建省加快建设海峡西岸经济区的若干意见》、《关中－天水经济区发展规划》、《江苏沿海地区发展规划》、《横琴总体发展规划》、《辽宁沿海经济带发展规划》、《促进中部地区崛起规划》和《中国图们江区域合作开发规划纲要》。

与此同时，加快中小城市的城镇化进程亦是近年来国家发展的战略重点。1978～2008年我国城市数量由193个增加到655个，城镇化率由17.92%提高到2008年的45.68%[①]。按照世界城市化规律曲线，我国已处在城镇化加速起翘期，未来10年将成为我国城镇化最为关键的阶段。随着大城市规模的快速扩张，人口资源和环境承载力趋向饱和甚至超载，我国的城镇化发展重点逐渐转向中小城市。尤其是近年来，中小城市和小城镇的发展被提到了国家发展的战略高度。2009年底的中央经济会议指出，坚持走中国特色城镇化道路，当前要把重点放在加强中小城市和小城镇发展上。此后发布的2010年中央一号文件，重申了中心城市和小城镇发展作为推进城镇化进程的重点。国家区域发展战略和城镇化战略的倾斜，对二、三线城市未来发展的影响无疑更为深远。随着区域规划的大举推进，城市空间将进一步扩容，基础设施建成将迎来新一轮高潮，都为二、三线城市的房地产市场发展提供了空间和能量，从而夯实房地产市场的需求。

1.2.2 中观层面　区域梯度发展

一个地区房地产市场的快速发展，不仅取决于该地区的经济发展水平、市场需求状况，还需周边地区的支撑。区域经济发展到一定阶段后，将存在不同的梯度等级。高梯度地区通过不断创新并不断向外扩散求得发展，中、低梯度地区通过接受扩散或寻找机会跳跃发展并反梯度推移求得发展。区域的梯度发展不仅为高梯度地区的产业升级腾出资源和空间，也拉动了下一梯度地区的发展。随着产业的梯度转移，移入地产业层次提升，产业结构优化，关联产业发展，拉动产出增加，进而促进经济的发展。最终高梯度地区和中、低梯度地区的差距日益缩小。区域梯度发展，为二三线城市经济及房地产市场的发展带来了新的契机。以我国区域经济发展水平最高的长江三角洲为例，目前已形成了以上海为中心，南京、杭州、宁波、苏州、无锡为副中心，包括江苏的扬州、南通、常州、泰州、南通，浙江的嘉兴、湖州、绍兴、舟山、台州等16个城市的有机整体。区域内城市体系规模等级结构完整。以商品住宅销售价格为衡量指标，区域内各城市住宅价格也基本满足城市体系的分层结构：作为核心城市的上海住宅销售价格最高，省会和副省级城市南京、杭州、宁波房价次之，其余城市的房价最低。

长三角各城市规模分布体系（2008年）　　**表1-1**

规模等级	城市名称	城市个数
>1000万	上海	1
400～1000万	南京、杭州	2
200～400万	苏州、无锡、常州、宁波	4
50～200万	台州、扬州、湖州、镇江、南通、嘉兴、泰州、舟山、绍兴	9

资料来源：《中国城市统计年鉴2009》，中原集团研究中心。

1.2.3 城市层面　城市实力提升

城市住房市场的发展水平归根结底是受到其综合实力的支撑，与城市所处的经济发展水平、人口集聚、资金流动等多种因素密切相关。从房地产市场发展和人均GDP的关系看，世界银行研究表明，当人均GDP达到300美元时，房地产产业开始起步；达到600～800美元时，房地产业进入高速发展时期；等达到1300美元时，房地产业进入稳定快速增长期；达到8000美元时，则进入平衡期[②]。按此国际惯例，2008年我国人均GDP约为3300美元，正处在房地产业的稳定快速增长期。但我国幅员辽阔，地区经济发展不平衡，部分经济较发达城市人均GDP已远高于全国平均水平。一线四大城市中，北京2008年人均GDP达9000美元以上，其余三城市均已超过10000美元，按此测算，房地产业已进入平衡期。以长三角洲为例，区域内16个中心城市2008年的人均GDP均已在4000美元以上，其中苏州、

① 《新中国成立60周年系列报告十：城市社会经济发展日新月异》，国家统计局综合司，2009.
② 《房价谁说了算？土地与金融制度变革中的中国房地产》，陈淮，赵路兴主笔，2005，江西人民出版社.

图1-5 长三角城市人口规模等级分布（2008年）

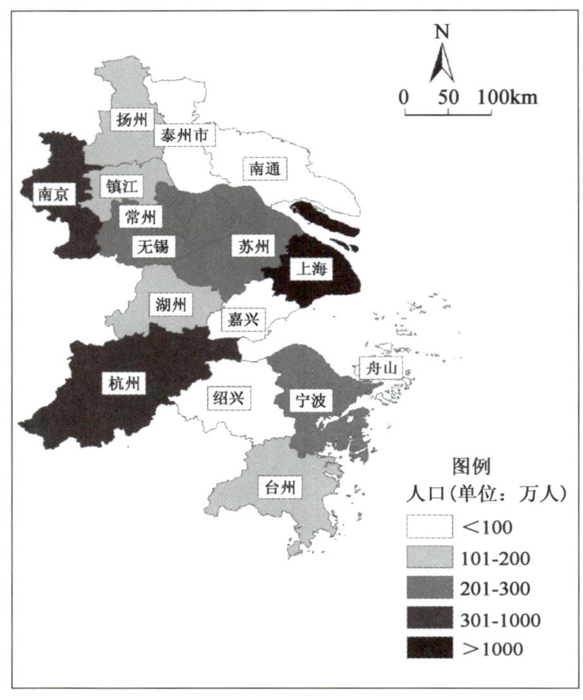

资料来源：城市统计年鉴2009，人口为市辖区人口。

图1-6 长三角城市商品住宅均价差异（2009年）

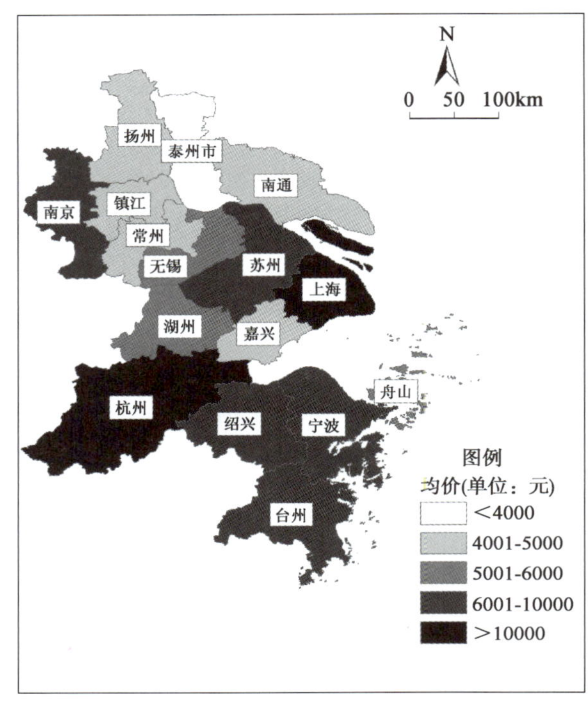

资料来源：城市统计年鉴2009。

图1-7 2008年长三角16城市人均GDP情况

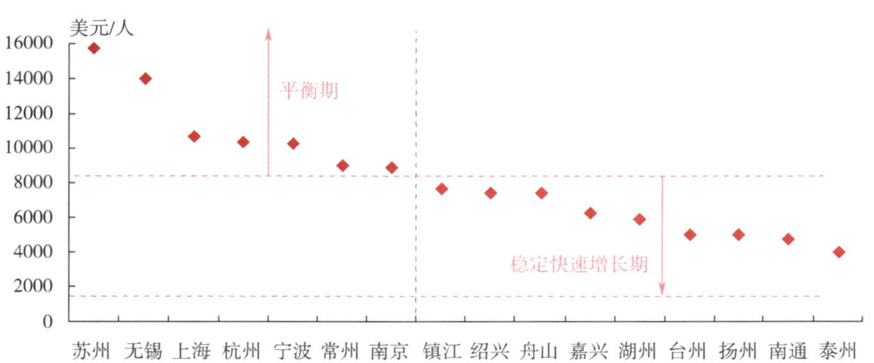

资料来源：《中国城市统计年鉴2009》，中原集团研究中心。

无锡、上海、杭州、宁波、常州、南京等7个城市达8000美元以上，按世界银行的研究标准，房地产业已进入平衡期；镇江、绍兴、舟山、嘉兴、湖州、台州、扬州、南通、泰州等9城市则处在稳定快速增长期。在良好的区域经济发展背景下，这个快速增长的阶段预期将持续一段时期。

具体来看，人均收入的不断提高和城市化水平的不断加快，仍将是影响现阶段我国城市房地产市场稳定快速增长的主要决定性因素[1]。仍以长江三角洲为例，除上海在人均可支配收入和城市化水平两项指标均领先与其他城市，在区域内一枝独秀外，其余城市两项指标的表现各有优劣。总体来看，江苏省内城市的城市化水平普遍高于浙江省，而浙江省内城市的收入水平则高于同级别的江苏省城市。一定程度上说明，江苏省以城市化的快速推进为住宅需求的主要动力，而浙江省的住宅需求动力则主要得益于城镇居民人均可支配收入的快速提升。整体来看，由于人均收入和城市化的不断加快，长三角内二、三线城市的房地产市场仍将处于稳定快速增长阶段。

长三角16城市2008年人均可支配收入和城市化水平结构 **表1-2**

人均可支配收入	>50%	40%～50%	<40%
>24000元	上海（26675,87%）	杭州（24104,50%）	宁波（25304,35%） 绍兴（24646,32%）
20000～24000元	苏州（23867,59%） 无锡（23605,70%） 南京（23123,83%）	常州（21592,50%）	嘉兴（22481,38%） 舟山（22257,37%） 湖州（21822,31%） 台州（21675,18%）
<20000元		镇江（19044,45%） 南通（18903,42%） 扬州（17398,47%）	泰州（17198,36%）

注：人均可支配收入来自《长江三角洲城市年鉴2009》，人口数据来自《城市统计年鉴2009》。
资料来源：中原集团研究中心。

① 《长三角房地产市场的价格差异及决定因素》，郝前进，陈杰，2007，经济地理，27(6)：985-989.

第2章　城市布局与标杆房企的市场表现

由于区域经济发展的不平衡，导致不同城市房地产市场存在差异性。这种差异不仅体现在价格、成交量，也体现在需求结构、政策环境等方面。当某些城市已处于市场成熟期时，其他城市任处于高速发展期或起步期。因此，对于跨地域发展的全国性开发商，如何选择城市布局成为一个重要的战略问题。

从总体上看，随着一线城市市场的成熟，二线城市逐步崛起，占全国房地产市场的比重逐年上升。因此，开发商的销售重心也随之向二、三线城市转移。在此大趋势下，各企业仍有各自不同的城市布局战略。有均衡发展，最小化风险的类型，也有踏准节奏，抓住重点的类型。数据显示，不同的城市布局对各开发商在销售市场的表现有着显著的影响。

2.1 一线城市渐趋饱和　二线城市逐步崛起

国内的房地产市场，由于地理位置及经济发展水平不同，习惯上被分为一线、二线及三线城市等多个层级。其中各类城市的划分，尤其是二线和三线甚至四线城市间，并没有客观统一的标准，而主要来根据行业内的约定俗成。

2.1.1 一线城市住宅销量占比：2005年后显著下降

北京、上海、广州、深圳四大城市，由于经济发展领先，房地产市场成熟，被业内公认为四大一线城市。2004年以前，这四大城市住宅销售面积占全国的20%以上。近年来，随着整体经济的发展，二、三线城市逐渐崛起，一线城市住宅销量占全国市场的比重也逐年下降，2009时该比例已下降至8%。

对于房地产开发企业，一线城市由于市场成熟且竞争激烈，向来是树立品牌，证明实力的舞台。但随着市场的饱和，可供开发的土地资源日渐稀缺且地价高涨，新房开发向郊区发展，二手房逐渐成为市场成交的主流。众房企开始转向二、三线城市开拓新的市场。

2.1.2 标杆房企销售分布：从一线转向二、三线

在此大环境下，中原监测的十家标杆上市房企，其销售重心也从一线城市逐步向二、三线城市转移。但由于一线城市市场成熟、购买力强，因此在2010年（1～7月）仍然占十家标杆房企销量的24%。

由于二、三线城市数量较多，为叙述方便，将目前十家标杆房企已进入城市（包括土地和在售项目）分类如下：

图2-1　一线城市住宅销售面积占全国比重（1998～2009年）

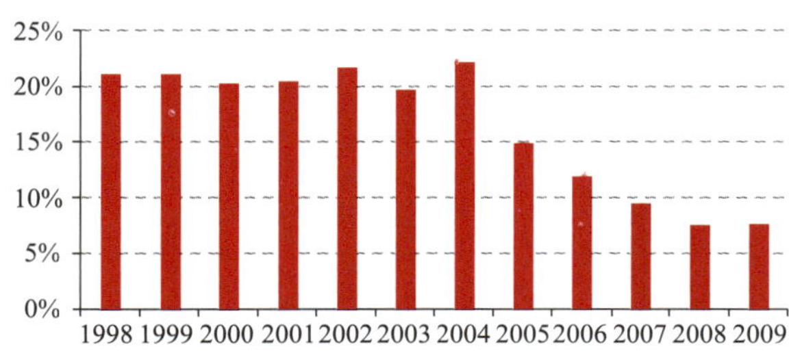

数据来源：国家统计局及各城市统计局。

图2-2　标杆房企销售面积比重城市分布（2008～2010年1～7月）

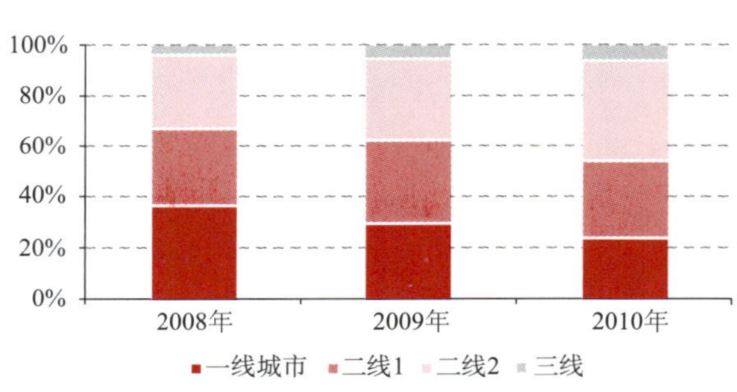

数据来源：中原行业监测系统，中原集团研究中心。

一二三线城市分类表 表2-1

类　别	城　市	市场特点
一线城市	北京、上海、广州、深圳	经济发达、房地产市场成熟 二手房成交量占总成交量一半以上 土地稀缺、地价高
二线城市——发展较快城市（简称：二线1）	杭州、天津、成都、苏州、无锡、南京、重庆、武汉	经济发展迅速 新房市场快速增长 二手房市场初具规模
二线城市——发展中城市（简称：二线2）	沈阳、长春、大连、济南、青岛、合肥、长沙、太原、南昌、西安、温州、宁波 绍兴、福州、厦门、东莞、番禺、佛山、惠州、中山、珠海、海口	经济发展较快 新房市场快速增长 二手房市场发展中 土地资源丰富、地价不高
三线城市	包头、从化、丹东、海宁、河源、南海、三水、上庐、沈棋、顺德、台州、天河 乌鲁木齐、漳州、镇江、舟山	经济起步阶段 新房市场发展中 土地资源丰富、地价低

资料来源：中原集团研究中心。

与一线城市渐趋饱和的市场相比，众多二、三线城市仍处于快速发展阶段，新房销售是市场主流。同时，土地资源丰富、地价水平不高但房价上涨速度较快，为开发企业提供了有利的发展空间。加上某些地方政府为改善投资环境、带动市场发展，为外来大型开发商提供优惠政策，吸引鼓励标杆房企拿地开发。因此，虽然二线城市房价低于一线，但考虑到种种有利因素，其开发前景对标杆房企极具吸引力。

近3年来，二线城市占十家标杆房企的总销量比重稳步增加。尤其是二线城市中的发展中城市（简称“二线2”），从2008年的29%增长至2010年的40%（数据截至2010年7月）。而二线城市中经济发展较快的城市则保持稳定增长，占标杆房企总销量的比例维持在30%左右。

2.2 从城市布局看标杆房企发展策略

虽然从整体上看，标杆房企销售重心逐步转向二三线的大势已成定局。但各企业在实际经营过程中，由于发展策略的不尽相同，表现在城市布局上也各有特点。这一点，可从各房企销量的城市分布中体现。

据中原统计，十家标杆房企近3年来，销量分别来自全国50多个城市。按照表2-1的一二三线城市划分标准，各房企的城市分布特点，可归纳以下几个不同类型。由于三线城市目前所占比重还不高，因此一线、二线1和二线2三类城市的比重区分了标杆房企的不同发展类型：

2.2.1 平衡发展型

销量分布在一二三线城市中比例相当，且近3年中该比例保持稳定，没有明显的偏向性。

代表房企：万科、保利

两公司近三年内，一线、二线1和二线2三类城市销售面积比重均维持在各1/3左右，作为全国布局的大型发展商，这样长期稳定的比例构成，显示出公司在战略上是有明确规划的，而不是单纯的机会导向型。

标杆房企销售面积城市分布（万科、保利） 表2-2

	2008	2009	2010	2008	2009	2010
	万科			保利		
一线城市	33%	29%	34%	42%	29%	27%
二线1	37%	38%	30%	23%	26%	34%
二线2	29%	32%	37%	31%	36%	39%
三线	2%	1%	0%	4%	9%	0%

注：2010年数据为1～7月的销售面积统计，下同。
数据来源：中原行业监测系统，中原集团研究中心。

2.2.2 重点突出型

专注发展某一类型市场，销量比重通常高于60%，其他类型市场比重明显低于重点市场，偏向性比较明显。根据重点发展市场的不同，还可继续细分为“专注一线型”、“专注二线1型”以及“专注二线2型”等。目前标杆房企中还没有“专注三线型”。

代表房企：

- ◆ 专注一线型——招商
- ◆ 专注二线1型——华润
- ◆ 专注二线2型——雅居乐、中海

招商、华润和雅居乐3家公司，分别专注于一线、二线1和二线2城市，且在各自的重点市场中，销量比重3年内均维持在稳定的较高水平，体现出三家公司不同的市场策略，即集中优势兵力占领自己熟悉的市场。

标杆房企销售面积城市分布（招商、华润、雅居乐、中海） 表2-3

	2008	2009	2010	2008	2009	2010	2008	2009	2010	2010
	招商			华润			雅居乐			中海
一线城市	77%	76%	65%	11%	20%	8%	23%	7%	4%	18%
二线1	11%	14%	35%	57%	49%	65%	13%	0%	27%	11%
二线2	12%	10%	0%	32%	31%	28%	53%	69%	60%	71%
三线	0%	0%	0%	0%	0%	0%	11%	24%	9%	0%

注：2010年数据为1～7月的销售面积统计，中海地产2008～2009年销量明细数据暂缺。
数据来源：中原行业监测系统，中原集团研究中心。

2.2.3 转移发展型

原销售重心在一线城市，其销量比重曾超过50%，近两年逐步转向二线城市，符合行业发展的大趋势。根据目前销量的主要来源，还可继续细分为“一线转二线1型”和“一线转二线2型”。

代表房企：

- ◆ 一线转二线1型——富力
- ◆ 一线转二线2型——复地、金地

这三家房企中，富力的转移发展最为明显，2010年二线1城市销售比重已经超过2年前的一线城市比重。而复地与金地虽然也有从一线城市转向二线2城市的趋势，但转移程度尚不显著。尤其是复地，其2010年各类城市比重较为平均，今后也有可能向平衡发展的方向演变。

标杆房企销售面积城市分布（富力、复地、金地）　表2-4

	2008	2009	2010	2008	2009	2010	2008	2009	2010
	富力			复地			金地		
一线城市	58%	47%	35%	50%	48%	34%	52%	35%	22%
二线1	29%	32%	61%	49%	42%	29%	23%	38%	24%
二线2	13%	21%	3%	1%	11%	38%	22%	27%	55%
三线	0%	0%	0%	0%	0%	0%	3%	0%	0%

注：2010年数据为1～7月的销售面积统计。
数据来源：中原行业监测系统，中原集团研究中心。

2.2.4 不确定型

公司的销售重心不固定在某一类城市，而且销售重心转移过程与行业整体变化趋势也不尽相同。

代表房企：绿城。

作为标杆房企中专注高档住宅的绿城，从整体上看，其销量主要来自二线城市，但前两年的销售重心在二线2，2010年又显著转向二线1。

标杆房企销售面积城市分布（绿城）　表2-5

	2008	2009	2010
一线城市	8%	5%	11%
二线1	17%	29%	68%
二线2	59%	48%	15%
三线	15%	18%	6%

注：2010年数据为1～7月的销售面积统计。
数据来源：中原行业监测系统，中原集团研究中心。

2.3 城市布局对标杆房企市场表现的影响

2.3.1 2010新政　标杆房企整体跑赢大市

2010年4月开始的新一轮调控，对各地住宅市场产生了巨大影响。成交量在5、6月迅速跌至历史谷底，其中一线城市中深圳、上海、北京同比跌幅达7成左右，广州同比跌4成。二线城市表现稍好于一线，其中二线2城市的表现优于二线1。

虽然整体市场跌入低谷，但标杆房企却未受新政影响。十家标杆房企总销量仅在新政后的5月份表现出低迷，6月随即反弹45%，其中万科、保利、雅居乐、金地6月销量环比增幅均高过50%，万科、保利当月的销售量更是达到历史高位。7月销量虽有小幅回落，亦保持了正常的成交水平。

十家标杆房企能在逆境中跑赢大市，与以下三方面因素密切相关。

- 灵活策略。凭借2008年上一轮低谷的应对经验，在此轮调控中采取率先促销、适时推盘、准确定位的策略，抢占了市场上的大量购买力。

图2-3 部分重点城市一手住宅成交面积 (2009年7月～2010年7月)

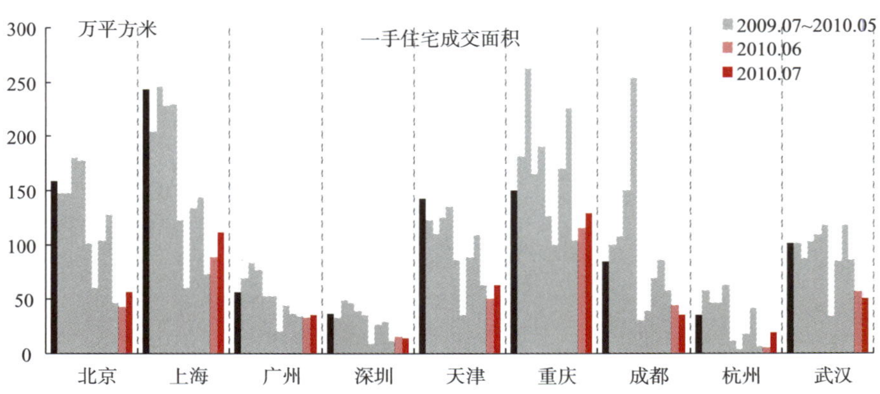

数据来源：中原住宅监测系统，中原集团研究中心。

图2-4 标杆房企月度成交面积 (2008年6月～2010年7月)

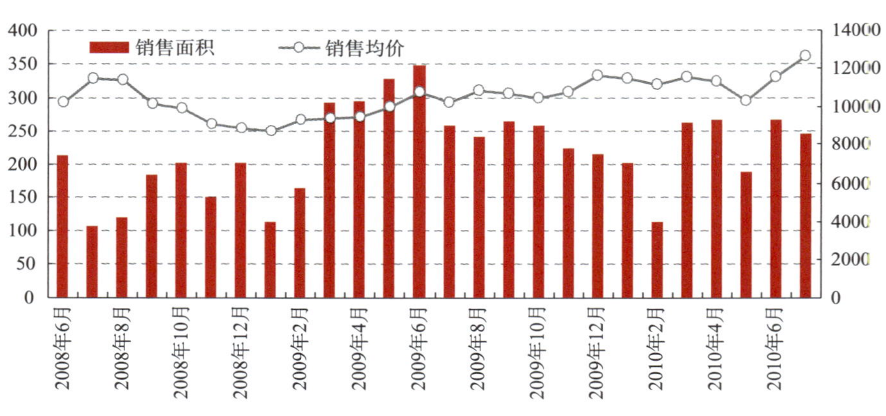

数据来源：中原行业监测系统，中原集团研究中心。

- ◆ 品牌优势。在市场低谷期，自用购房者除楼盘品质外，对开发商品牌、口碑等更加关注，标杆房企项目更受青睐。
- ◆ 全国布局，不依赖单一市场。尽管本次调控严格限制多套购房者入市，尤其在一线城市严厉打击投资性需求，但全国范围内，自住及改善型需求依然有相当强劲，这也为标杆房企的销量稳定提供了支撑。

2.3.2 城市布局不同　导致标杆房企表现各异

在“全国布局，不依赖单一市场”这点上，如前文所分析，十家标杆房企的策略各有不同。可分为：平衡发展、重点突出、转移发展以及不确定型等不同类型。

虽然整体上标杆房企跑赢大市，但十家房企新政下的市场表现却不尽相同，以新政后5、6、7三个月平均销售面积与销售火爆的2009年月均销售面积相比，有些企业仍有增长，有些保持平稳，有些却滑落明显。值得注意的是，标杆房企市场表现的差异与其城市布局的策略间，有着明显的联系，如下表所示：

图2-5 标杆房企月度成交面积 (2008年6月～2010年7月)

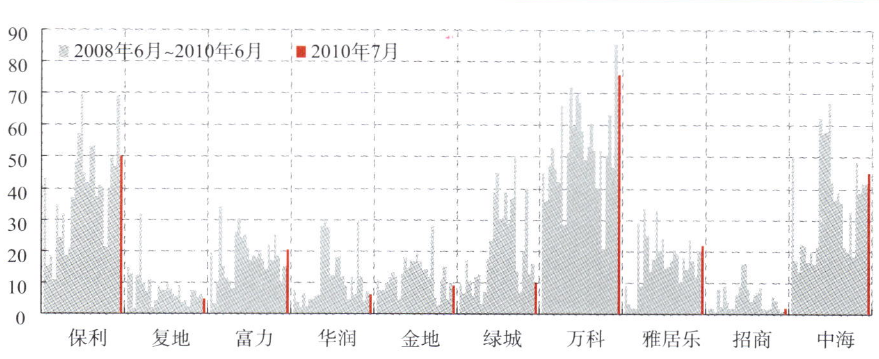

数据来源：中原行业监测系统，中原集团研究中心。

标杆房企2010新政后销售面积（5～7月平均）与2009年平均水平对比 表2-6

开发商	2010年5～7月平均/2009年月均	发展类型
万科	126%	平衡发展型
保利	123%	平衡发展型
中海	105%	重点突出型（二线2）
雅居乐	94%	重点突出型（二线2）
复地	76%	转移发展型（二线2）
富力	77%	转移发展型（二线1）
金地	50%	转移发展型（二线2）
华润	44%	重点突出型（二线1）
绿城	44%	不确定型
招商	41%	重点突出型（一线）

数据来源：中原行业监测系统，中原集团研究中心。

从上表中不难看出，采取平衡发展策略的万科、保利，在新政后市场表现最为突出。较去年市场高峰时期平均水平仍有20%以上的增长。均衡发展的策略更适应调控后的市场低谷，一二三线城市间的差异，可以有效地平衡市场风险及收益。

而采取重点发展二线2市场的中海和雅居乐，也能在新政后保持去年高峰时的销售水平。而其他几家采取其他策略的开发商，新政后市场表现则不够理想。由于此轮调控后，正处于市场稳定增长阶段的二线2类城市需求稳定，受政策影响小，“踏准节奏”重点开发此类城市的一部分开发商销售业绩稳定，未有大起大落。而其他未抓住市场重点，又未能有效平衡风险的开发商表现不佳，也就不难理解了。

2.3.3 城市差异影响房地产市场表现

标杆房企在城市布局上的不同差异，确实会影响到销售市场的表现。虽然开发商的销售业绩主要和产品设计、项目定位、营销策略以及管理水平等多方面因素有关，但在国内房地产大环境下，一二三线城市间明显发展水平差异，足以影响开发商的销售成绩，尤其是在市场低谷期，这种差异更为突出。

一线城市市场已进入稳定期，每年住宅总成交量（包括新房和二手房）基本保持稳定水平。需求主力为改善型需求，并有一定量的投资型需求。因此当市场繁荣时，房价通常大幅上涨，比成交量的增长更为显著。而当市场进入低谷，由于改善型、投资型需求弹性较大，通常成交量大幅下降，价格也随之滑落。宏观调控或经济周期造成的房地产起伏周期，在一线城市中表现得最为明显。

而二、三线城市仍在快速发展期，市场需求主力为首次置业的自住型需求，且以本地需求为主，较少外来投资型需求。因此当市场进入低谷时，由于自住型需求弹性小，即所谓"刚性需求"，成交量下降的幅度远小于一线城市，价格的跌幅也更小。相比一线城市，市场周期变化不明显。

目前，二线城市中的经济发达城市如杭州、天津、成都等，其经济水平已接近四大一线城市4、5年前的水平，进入房地产市场高速发展期。其二手房市场高速增长，促使市场流通加速，带动改善型需求，并带来一定的投资型需求。而二线城市中的发展中城市如沈阳、长沙、西安等，经济发展虽各有特点，但总体上处于快速增长的起步阶段。这类城市的住宅市场首次置业型需求比重更大，不受多套房贷政策限制，因此成为此轮调控后众多房企的主要销售市场。

在目前国内房地产市场的大环境下，造成房价上涨过快的各种结构性因素仍将在一定时期内持续存在。因此，为保障市场平稳发展，宏观调控也会成为一种常态，市场的短周期波动也难以避免。在这种情况下，开发企业应根据市场变化，采用合理的城市布点，及适宜的经营策略，以减少企业的风险，追求长期健康发展。

第3章　住宅用地供不应求　土地市场高位运行

2010年的土地市场经历着新一轮的宏观调控，一方面是日趋严格规范的管理要求，一方面是数量翻倍的供应计划。受到调控政策的影响，2009年底至2010年初疯狂的“地王”制造暂时停歇，但土地市场仍保持相当热度，呈现低流标率、高溢价率的特征。2010年7月以来，各地楼市成交量的逐步回升，促使热点地块又开始不断创出价格新高。随着2010年下半年巨量土地即将入市，土地市场的热度将更趋高涨，“地王”或已无可避免。

近年新增土地的可建面积低于同期新开工面积，导致阶段性土地供求紧张，或成地价高涨的重要原因之一。尽管2010年清查闲置土地力度已属史无前例，但对知名发展商的影响似乎甚微，而他们正是制造“地王”的生力军。因此，维持土地市场的平稳发展正在考验着各级政府的执政智慧，然而土地财政不可能短期改变的矛盾，使得各地土地市场依然将在高位运行。

3.1 调控再起　收放并举制度创新

2010年4月，以“国十条”为核心的一系列调控措施密集出台，主导了2010年二季度以后的市场走势。而对于土地市场的调控，则在3月已经启动。梳理2010年针对土地市场的调控政策，可以发现主要分为三个方面：一是收紧，即严格土地的管理制度，特别是对于闲置用地的处理；二是放宽，即大力增加土地供应，尤其是保障房用地的供应；三是创新，即完善土地出让的方式，增加公平性及透明度。但由于土地收入在地方财政中的重要位置暂无法改变，调控政策的实际执行效果有待观察。

2010年土地市场主要政策　　表3-1

《关于加强房地产用地供应和监管有关问题的通知》，国土资发［2010］34号，国土资源部，3月8日
共十九条内容，从土地计划、出让及用地等多个方面提出严格而具体的管理要求，并强调确保保障性住房用地供应。重点内容包括：土地出让成交后，必须在10个工作日内签订出让合同，合同签订后1个月内必须缴纳出让价款50%的首付款，余款要按合同约定及时缴纳，最迟付款时间不得超过一年。出让合同必须明确约定土地面积、用途、容积率、建筑密度、套型面积及比例、定金、交地时间及方式、价款缴纳时间及方式、开竣工时间及具体认定标准、违约责任处理。房价过高、上涨过快的城市，市、县国土资源管理部门可选择部分地块，按照政府确定的限价房项目采用竞地价办法招拍挂出让土地，发挥抑制房价上涨过快的调节作用。要按照提高土地开发利用效率的原则，探索综合评标的具体方法。
《2010年全国土地利用计划》，国土资源部，4月9日
计划提出，住房用地量的增长要明显高于去年，确保住房建设计划及棚户区改造规划实施所需的用地；确保保障性住房、棚户改造和自住性中小套型商品房建房用地不低于住房用地供应量的70%。
《2010年住房供地计划》，国土资源部，4月15日
计划显示2010年拟供应量为18.5万hm^2。与2009年全国住房实际供地7.6万hm^2和前五年平均年度实际供应量5.5hm^2相比，有大幅度增加。其中，保障性住房、棚户区改造和中小套型商品房用地计划供应量为14.2万hm^2，占住房用地计划供应总量的77%。
《国务院关于坚决遏制部分城市房价过快上涨的通知》（国发［2010］10号），国务院，4月17日
通知指出，房价上涨过快的城市，要增加居住用地的供应总量，要依法加快处置闲置房地产用地，探索“综合评标”、“一次竞价”、“双向竞价”等出让方式，抑制居住用地出让价格非理性上涨。对存在土地闲置及炒地行为的房地产开发企业，商业银行不得发放新开发项目贷款，证监部门暂停批准其上市、再融资和重大资产重组。

信息来源：国务院、国土资源部，中原集团研究中心。

3.1.1 收紧——严格土地监管

2009年之前对于闲置土地的督查清查，大都以不了了之而告终。国土资源部本次针对房地产的专项整治行动，可以视作中央政府对由来已久的土地闲置问题不再容忍，进而对地方土地管理部门的工作提出更严格要求。

数据显示，截止2010年5月底，全国共上报房地产违法违规用地宗数3070宗，面积约18.84万亩。其中，闲置土地宗数2815宗，面积16.95万亩，分别占上报总宗数和面积的92%和90%，是违法违规用地的主要部分。在2815宗闲置土地中，因毛地出让拆迁难、调整规划等政府和客观原因造成闲置的约占六成以上，闲置5年以下的地块1354宗，占闲置土地总数的48%；闲置时间5年以上的地块共875宗，占31%；闲置时间较长，但合同中未约定具体开工时间的地块586宗，占21%。

可以看到，由于政府监管和客观原因所造成闲置的土地占比竟然超过六成。而中国大部分城市建设资金过度依赖土地收入，使得地方政府对于闲置土地常常网开一面，土地财政成为闲置土地久查不处的重要原因。因此，此次中央政府收紧土地市场管理具有积极意义。短期来看，通过查处闲置土地，加速房地产开发，有利于增加有效供应，符合今年房地产宏观调控的要求；长期来看，也符合温总理在两会上提出“转变经济发展方式，调整优化经济结构”的发展目标。

本次针对土地管理制度方法的政策调整，与以往相比更趋严格，并具可操作性，对于土地违法违规问题的查处力度也有明显提升。随着调控政策对土地出让和用地管理的各项措施和方法的推进实施，土地市场势必面临越来越规范而严格的管理要求，而以往一些发展商通过囤地而获取高额利润回报的情况将不易发生。

3.1.2 放宽——增加土地供应

与过往历次宏调相比，2010年的最大的改变在于把增加住房有效供应摆在了首要位置。其实质是希望通过增加供应以平衡供需，最终达到抑制房价过快上涨的目标。而要增加住房的有效供应，根本的方法是要增加居住用地的有效供应，并使已出让的土地尽快开发转化成住宅供应。因此，严格监管是保障，解决问题仍需从总量上增大供应。

2010年全国计划供应总量为18.5万hm^2，比2009年实际供应住房用地多出10万多hm^2，计划供应量倍增。据国土资源部统计，今年上半年全国住宅用地出让完成率为30%，其中商品住宅用地32%，略高于保障性三类用地。在我们选取考察的省市中，仅重庆市完成率较低，而北京市、天津市和江苏省完成率较高（表3-2）。

根据以往三年各地的完成情况来看，从2007年至2009年，重点城市上半年住宅用地出让占全年实际出让土地的平均比例约为30%（表3-3）。而2010年上半年全国住宅用地出让已完成了全年计划的30%，属正常情况，因此，今年土地供应放量的计划有望按期完成。

部分省市住宅用地出让完成情况（2010年上半年） 表3-2

辖区	全部住宅用地		商品住宅用地		保障性三类用地	
	完成数量（hm^2）	比例	完成数量（hm^2）	比例	完成数量（hm^2）	比例
全国	56108	30%	14032	32%	42077	30%
北京	1450	58%	248	33%	1202	69%
上海	321	29%	68	21%	252	33%
天津	1568	90%	413	91%	1155	90%
重庆	1191	18%	210	12%	982	21%
山东	6357	35%	1064	25%	5293	38%
江苏	6615	51%	1809	52%	4806	50%
浙江	2736	33%	492	22%	2245	37%
四川	2711	33%	640	33%	2070	33%
广东	1830	24%	443	21%	1387	26%

注：保障性三类用地指，保障性住房包括廉租房、经济适用房、棚改房及中小套型商品房用地。
数据来源：国土资源部，中原集团研究中心。

主要城市住宅用地出让情况（2007～2009年）　表3-3

地区	2007年		2008年		2009年	
	上半年出让面积（hm^2）	占比	上半年出让面积（hm^2）	占比	上半年出让面积（hm^2）	占比
合计	808	27%	1761	55%	1237	29%
北京	126	24%	398	63%	223	35%
上海	146	31%	191	55%	152	26%
广州	26	9%	37	24%	6	3%
深圳	6	16%	42	89%	24	47%
天津	220	21%	859	51%	622	30%
重庆	284	42%	234	71%	210	31%

数据来源：各城市国土局，中原集团研究中心。

3.1.3 创新——预申请与综合评标制度

2010年，除了“严格土地市场监管”和“加大土地供应力度”，土地市场的另一个要点是“制度创新”。2010年4月9日，国土资源部关于印发《保发展保红线工程——2010年行动方案》的通知中明确表示，推行土地出让预申请制度，探索土地出让综合评标办法，以调整完善土地管理政策。

◆ 预申请制度试点

2009年9月24日，上海市规划和国土资源管理局发布上海首次“预申请”公告，内容为外滩国际金融服务中心（8-1）地块，并于当年11月30日公示该地块的申请结果，共有四家企业的申请被受理，该地块最终于2010年2月成功出让。

土地出让预申请制度试点就此揭开序幕。接着，上海分别在2009年11月18日、12月30日分别发布沪预申请告字（2009）第1号、第2号，共7幅地块。2010年4月23日，发布沪预申请告字（2010）第1号，共105幅地，539hm^2，包括居住、商业及综合等各类用地。2010年8月26日，发布沪预申请告字（2010）第2号，共12幅地，55hm^2，全部为居住用地。

广州在2010年5月11日，一次性公布了《广州市2010年国有土地使用权出让计划及新社区住宅建设计划》，其中居住用地计划36幅、687hm^2，居住用地预安排24幅、204hm^2；商服用地计划71幅、共293hm^2，商服用地预安排31幅、296hm^2；另有工业用地计划及工业用地预安排若干。除了上海和广州，其他城市也在积极探索和试点土地出让预申请制度。

目前，土地预申请制度仍处于试点阶段，尚未形成完整规范的执行办法。从推行土地预申请制度的初衷来看，预申请制度将能起到两方面的作用：一方面，完善供地信息的披露机制，稳定市场预期，稳定土地价格；另一方面，强化土地计划管理，提高市场化配置效率，减少地块流标。

◆ 综合评标制度

目前我国国有土地的出让已基本通过招拍挂方式进行。过去一段时间，各地政府普遍采用“价高者得”的方法来决定土地归属。即参与招拍挂的发展商根据拟出让土地的规划条件及未来的市场趋势，对土地价值进行估测，并据此出价。这种方法能够避免由于人为因素导致的不公平竞争和贿赂腐败问题，但也直接导致了对于优质地块的激烈价格竞争，从而推高地价。

为抑制土地价格的过快上涨，各地政府正尝试摒弃“价高者得”的方法，转而采用“综合评标”方法来决定土地归属。就实施情况来看，新政后北京已有14幅用地采用了“综合评标”的方法成功出让。上海莘庄地铁上盖地块也于2010年4月29日采用“综合评标”方法首次出让，但在7月9日被通告终止而致出让失败。8月17日该地块再次出让，其出让方式已由“招标”变成“挂牌”。至此，“综合评标”

方法在上海尚无成功案例。

作为政府调控市场抑制地价的应急手段，土地出让采用“综合评标”方法是可取的。出价最高者未必就能竞投成功，这有利于政府引导及控制土地的出让价格。但从实际操作来看，现有的评价方法尚缺乏一套较为系统和稳定的评价指标体系，而评价过程也不够公开，导致业界对该方法的科学性和公平性提出质疑。因此，“综合评标”方法还有很大的改进空间。

3.2 行情转热 住宅用地供不应求

3.2.1 2010年土地热度不减

根据我们对九个主要城市土地市场的监测发现，在过去的3年，土地市场经历了火爆、萧条到更火爆的过程。2008年二季度起，受金融危机影响，国内房地产市场销售迅速萎缩，并波及土地出让市场，发展商普遍缺乏拿地的信心，土地出让困难。2009年初，受到政策扶持的房地产市场迅速复苏并繁荣，带动土地市场进入更火爆的状态（图3-1）。

图3-1 九城市住宅用地出让面积与价格走势（2007～2010年）

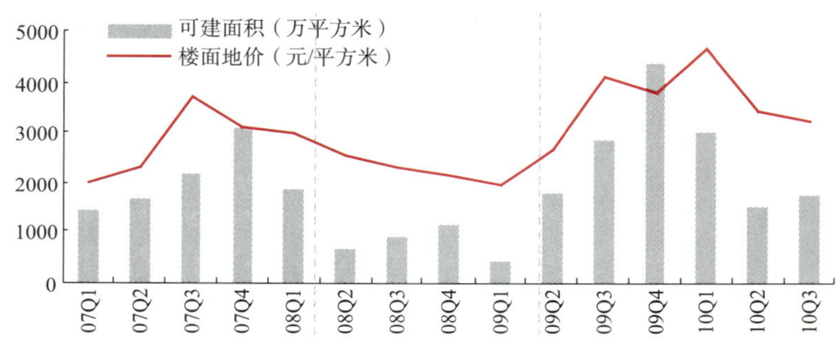

注：九城市指北京、上海、广州、深圳、重庆、杭州、南京、武汉、成都。
数据来源：各城市国土局，中原集团研究中心。

2010年二季度，受调控新政影响，九个主要城市住宅用地出让面积（以可建面积计算）环比略有下降，主要原因是由于调控新政影响了短期土地供应的节奏。但2010年8月份，九个主要城市土地市场出让面积又已呈现明显增长趋势，而平均楼面价格也超越2007年的峰值区间。土地市场在短暂的沉寂之后，重拾2009年的行情，并于高位震荡。

3.2.2 住宅用地阶段性不足

为判断土地供应是否满足市场的开发需求，我们选取了住宅用地出让面积（以可建面积计算，下同）与当期商品住宅新开工面积进行对比，其结果可以反映阶段性的供求关系。

2007年，九个主要城市住宅市场供求两旺，新开工面积处于高位；2008年土地市场萧条期间，住宅用地出让面积大幅萎缩，而同期新开工面积尽管逐季略有回落，但仍处于较高水平，土地消耗速度加快，存量减少；2009年二季度以后，住宅用地出让迅速增加，而新开工量处于相对低位，土地消耗与新增出让面积基本平衡；2009年四季度至2010年一季度，新开工面积与土地出让数量同步增长，仍保持基本平衡；但2010年二季度以来，受到调控新政影响，土地出让面积大幅下降，存量再度减少。

图3-2　九城市住宅用地消耗情况（2008～2010年）

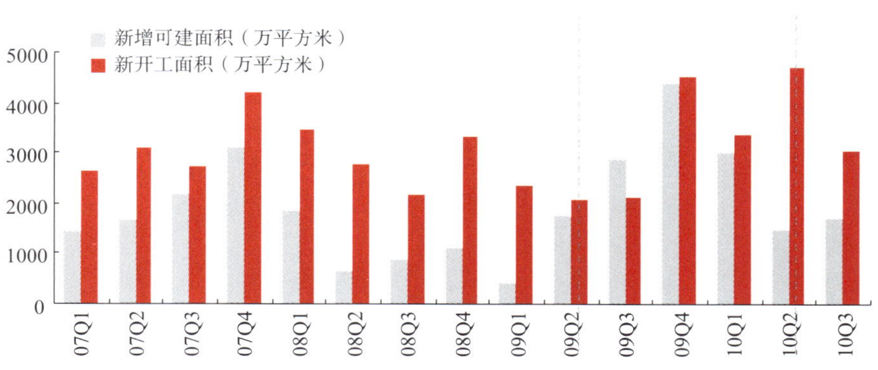

数据来源：各城市国土局、统计局，中原集团研究中心。

从2007年一季度至2010年三季度期间，九个主要城市累计出让土地的可建面积比同期新开工面积约少1.8万hm^2，表明九个主要城市整体土地供应出现阶段性不足。随着新开工量的持续增长，未来土地需求将更趋旺盛。因此，从实际出让情况来看，这些城市的土地出让依然竞争激烈，地价维持较高水平。

从具体城市来看，根据对九个主要城市2007年至2010年期间住宅用地出让面积与同时期的住宅新开工面积的统计，除武汉外，其他八城市新增土地的可建面积均低于同期的新开工面积。其中，上海、广州、深圳、重庆、杭州的可建面积，仅为同期新开工面积的一半，表明这些城市阶段性供地不足状况更为严重（图3-3）。

图3-3　九城市住宅用地消耗情况（2007～2010年）

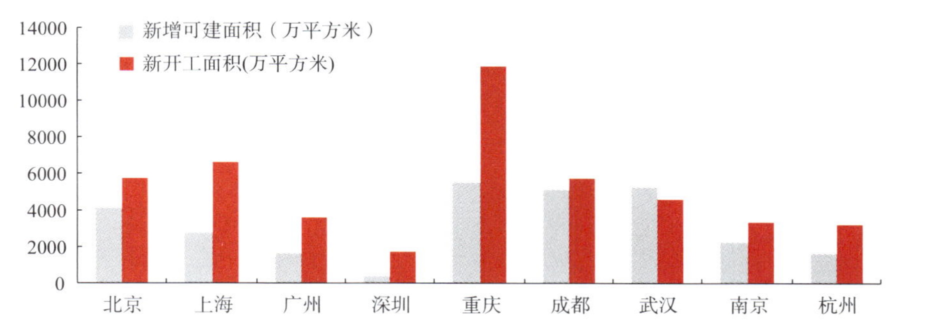

数据来源：各城市国土局、统计局，中原集团研究中心。

3.3 竞争激烈　低流标率高溢价率

3.3.1 流标率保持低位

在住宅土地市场整体供应不足的情况下，挂牌地块出让成功率自然会比较高，即使在调控政策强势密集出台的2010年4月，整体流标率仍维持较低水平。在2007年及2009年土地市场火爆时期，九个主要城市土地出让平均流标率在10%以下；在2008年市场萧条期，平均流标率曾超过25%；而2010

年二季度平均流标率约为7%（图3-4），表明2010年整体土地市场依然保持较活跃的状态。

图3-4　九城市住宅用地出让流标率走势（2007～2010年）

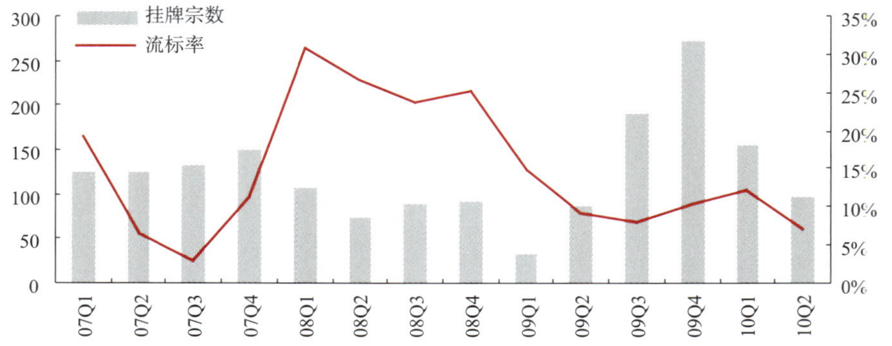

数据来源：各城市国土局，中原地产研究中心。

3.3.2 溢价率维持高位

根据对九个主要城市2007年至2010年期间住宅用地出让的溢价情况统计显示，2008年一季度至2009年一季度，时值市场萧条时期，大多数地块是以底价成交，溢价率极低；而在2007年第三季度和2009年第四季度，溢价率峰值已超过100%，正值市场繁荣时期。

2010年调控新政颁布以后，虽然住宅用地出让的溢价率明显下降至60%左右，但竞争依旧激烈（图3-5）。从具体地块溢价情况来分析，如热点城市的优质地块，通常为多家知名上市公司或者国企地产公司竞相争夺，从而造就较高的溢价；而位于城市偏远的小幅地块，竞夺则相对冷清，溢价率通常较低。

图3-5　九城市住宅用地出让溢价率走势（2007～2010年）

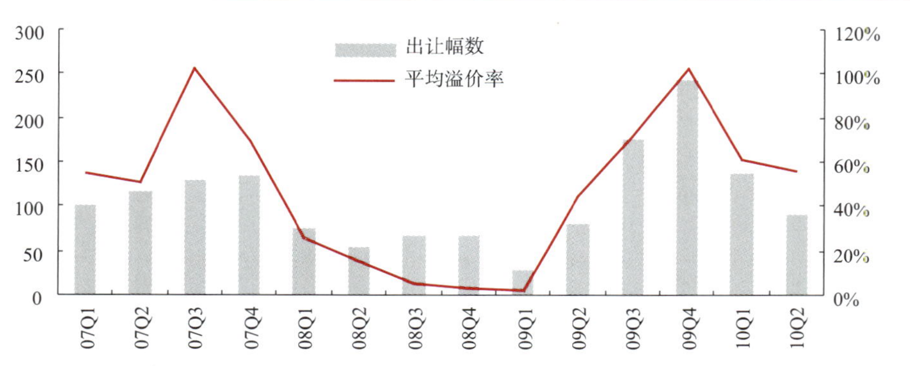

数据来源：各城市国土局，中原集团研究中心。

分城市来看，根据2007年至2010年期间出让地块的平均溢价率统计显示，上海、北京、广州、成都和杭州名列前茅，平均溢价率超过50%，土地市场竞争激烈；而深圳、南京和重庆平均溢价率相对较低，约为20%～30%（表3-4）。当然，这还与当地市场开发商的竞争格局，土地的出让数量及出让方式均有关系。

主要城市住宅用地平均溢价率（2007～2010年） 表3-4

城市	平均溢价率	城市	平均溢价率
北京	64%	重庆	18%
上海	75%	成都	56%
广州	61%	杭州	54%
深圳	32%	南京	29%

数据来源：各城市国土局，中原集团研究中心。

3.4 国进民退 推高地价频造地王

3.4.1 宅地价格已创新高

由于出让地块随机分散在城市的各个区域，且具体地块的属性构成和规划指标差异较大，因此我们采用对热点区域相邻的及相似属性的地块进行比较，发现部分热点城市优质地块的出让价格已经创出新高，成为2010年新政调控之后的新地王（表3-5）。

部分城市新老地王一览（2007～2010年） 表3-5

城市	新地王		老地王	
上海	日期	2010年8月	日期	2009年8月
	区域	宝山区	区域	宝山区
	地块	罗店新镇F1-4地块，F1-6地块	地块	罗店新镇D1-2地块
	容积率	0.6	容积率	1.5
	可建面积	9.07万m^2	可建面积	15.34万m^2
	公司	远洋地产	公司	顺驰置业
	总地价	19.0亿元	总地价	14.0亿元
	楼面地价	2.07万元/m^2	楼面地价	9128元/m^2
广州	日期	2010年8月	日期	2007年9月
	区域	番禺区	区域	番禺区
	地块	中心城区南区4-2地块	地块	中心城区南区4-2地块
	容积率	1.8	容积率	1.8
	可建面积	32.68万m^2	可建面积	25.52万m^2
	公司	广州城建	公司	金地集团
	总地价	23.8亿元	总地价	15.9亿元
	楼面地价	7282元/m^2	楼面地价	6230元/m^2
南京	日期	2010年7月	日期	2007年8月
	区域	雨花台区	区域	雨花台区
	地块	板桥三期	地块	板桥街道办事处大方村
	容积率	2.4	容积率	2.2
	可建面积	25.24万m^2	可建面积	102.97万m^2
	公司	昆仑沃华/香溢置业	公司	金地集团
	总地价	6.50亿元	总地价	22.5亿元
	楼面地价	2575元/m^2	楼面地价	2185元/m^2

数据来源：各城市国土局，中原集团研究中心。

3.4.2 热点地块蓄势待发

根据各地国土局已经公开的地块出让挂牌信息显示，2010年9、10月份，将有多幅位于热点区域的优质地块待出让。目前已有多家知名发展商对这些地块表示出极大兴趣，因而这些有望成为新地王的地块备受关注。

近期部分城市热点区域优质地块一览　　表3-6

城市	近期热点优质地块
北京	朝阳区CBD地区　12幅　商办用地　招标出让 地块名称：Z3、Z4、Z5、Z6、Z8、Z9、Z10、Z11、Z12、Z13、Z14、Z15地块 容 积 率：10.8～26.1 建筑面积：8万～30万m^2 投标日期：2010年8月2日 投标单位：共61家投标，包括远洋地产、SOHO中国、安邦保险、联通、宝马、三星、周大福、盛大网络等 结果日期：不详
上海	普陀区　长风地区　共3幅　居住用地　挂牌出让 地块名称：长风8号东、长风9号西和长风11号西北 建筑面积：13.07万、12.25万、8.58万m^2 起 始 价：19.58亿元、19.10亿元、14.16亿元 截止日期：2010年9月29日 投标单位：共29家领取申请书
广州	荔湾区　芳村地块　共3幅　居住用地　挂牌出让 地块名称：旧龙溪路高尔夫球场 D、E、F地块 建筑面积：13.82万、14.38万、10.65万m^2 起 始 价：5.9亿元、6.3亿元、4.5亿元 截止日期：2010年9月19日
南京	下关区　滨江地块　共2幅　居住用地　挂牌出让 地块名称：滨江江边路以西1号、3号地块 建筑面积：205万、95万m^2 起 始 价：121亿元、79亿元 截止日期：2010年9月19日
杭州	江干区　采荷区域　居住兼容商业金融用地　挂牌出让 地块名称：采荷单元（A-R21-07、A-C2-04）A地块 建筑面积：10.73万m^2 截止日期：2010年9月21日

数据来源：各城市国土局，中原集团研究中心。

3.4.3 央企国企竞投踊跃

在近年的“地王”榜单上，不乏财大气粗的央企国企。这些企业凭借其优势资源和雄厚财力，往往能够在抢地竞价中拔得头筹。无论这类企业出于何种原因不惜成本进入各地市场，其行为实际上已推高了当地土地出让价格，进而对其周边住宅价格的上涨也起到了推波助澜的效果。

根据对九个主要城市2007年至2010年期间出让成交的地块进行逐年分类统计，竞投得主可分为三类：央企、国企及其他。分析他们分别占土地总成交面积及金额的比例，即占比情况，可以发现央企国企的表现格外抢眼。

从九个主要城市的整体占比情况来看，2007年央企国企获取地块的面积占比为15%，2009年该比例达到29%，2010年为28%，显示出央企国企的扩张速度领先于其他企业。2007年央企国企获取地块的金额占比为20%，2009年达到37%，2010年达到38%。以上两项指标走势一致，金额占比略高于面积占比，意味着他们拿地的平均价格要高于其他企业，显示出央企国企雄厚的资金实力以及获取优质地块的冲动，而这两者正是他们不断造就“地王”的主要原因。

图 3-6　九城市出让地块面积占比情况（2007～2010 年）

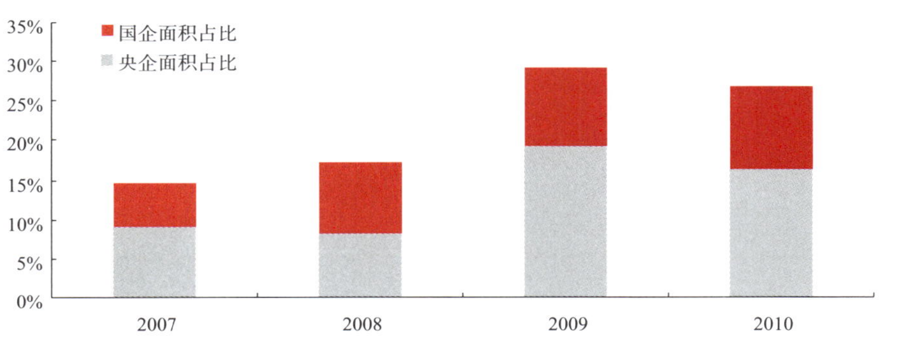

数据来源：各城市国土局，中原集团研究中心。

图 3-7　九城市出让地块金额占比情况（2007～2010 年）

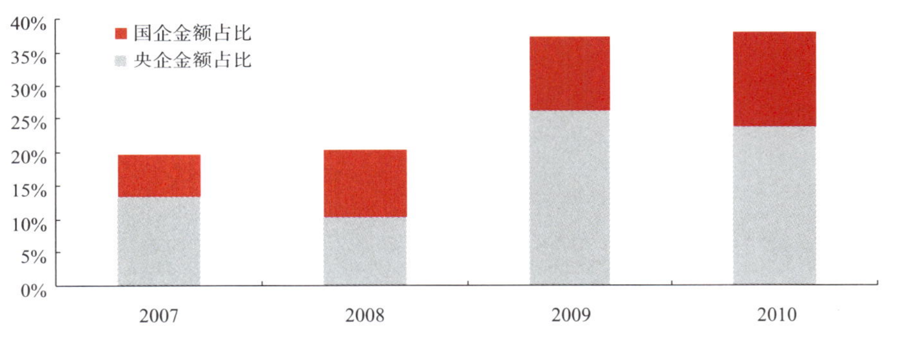

数据来源：各城市国土局，中原集团研究中心。

图 3-8　九城市出让地块中央企国企的占比情况（2009～2010 年）

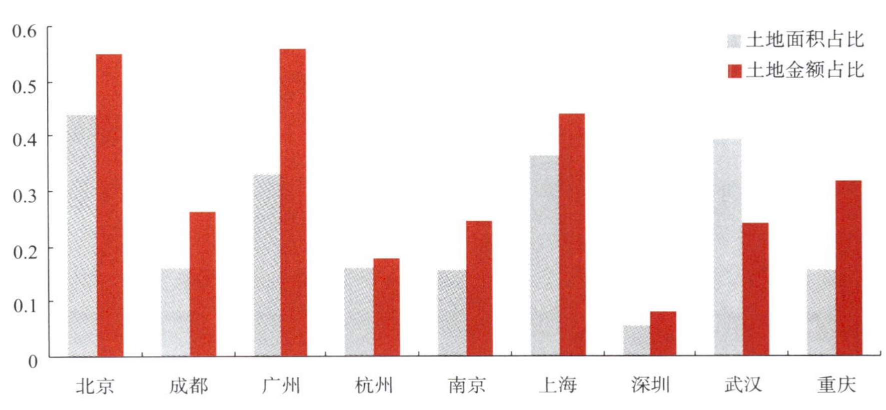

数据来源：各城市国土局，中原集团研究中心。

从分城市占比情况来看，央企国企在2009年和2010年的拿地主要集中在北京、广州和上海三城市。在这三个城市中，其土地成交金额占比已经接近或超过50%，面积占比也超过30%。

从土地成交价格来看，央企最高，国企次之，其他企业最低。在土地市场繁荣期，三者差距拉大，央企和国企成为推高地价的主要动力。2010年，央企与国企的土地成交价格指标基本接近，而他们与其他企业的差距则明显拉大，土地市场的国进民退迹象明显。央企国企凭借其资源优势，成为优质地块的主要竞逐者，而其他企业已很难与之抗衡。

图3-9 九城市出让地块平均楼面地价走势（2007～2010年）

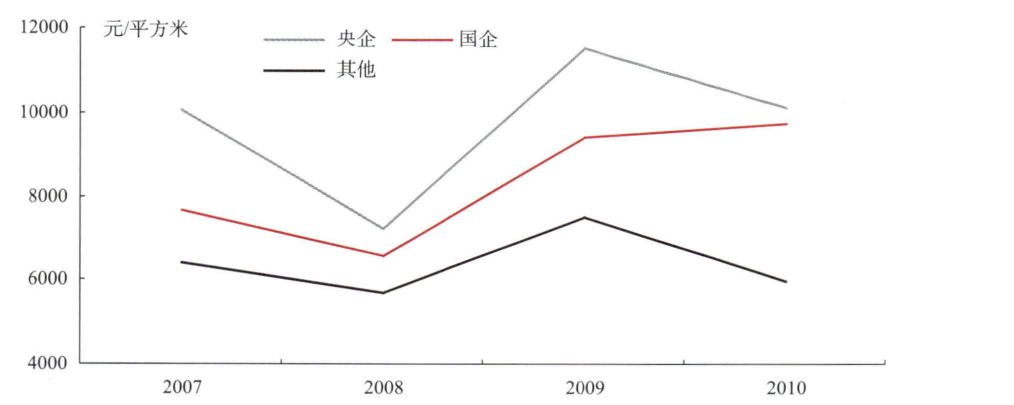

数据来源：各城市国土局，中原集团研究中心。

3.5 闲地较少 名企开发进度合理

鉴于查处闲置土地是2010年调控新政的重点之一，我们对九个主要城市2006年至2010年期间已出让的地块开发进度情况进行了跟踪统计，共选取各地知名发展商61名，涉及土地351幅，共计用地面积4096hm^2。

3.5.1 知名企业土地面积占三成

据统计，61家发展商所获取的土地面积，约占九个主要城市历年全部出让用地面积的三成。因此，跟踪这些发展商的地块开发情况，具有一定的代表性，可以据此粗略判断各地的土地闲置情况。

这61家发展商包括：保利、富力、万科、金地、中海、首开、绿地、绿城、华润、龙湖、雅居乐、万达、滨江、招商、金科、金融街、恒大、广州城建、合生、栖霞、凯德、复地、朗诗、中铁建、福星惠誉、合景泰富、首开、仁恒、融侨、嘉逊、嘉里、顺驰、中信、华侨城、九龙仓、远洋、中建、中粮、上海城投、上海城建、雅戈尔、金隅、北辰、北京城投、北京建工、大龙、和黄、恒盛、金隅嘉业、瑞安、首创、新鸿基、信和、中铁、象屿、中华、陆家嘴、北方城投、旭辉、上海中星、新世界。

九城市知名发展商土地获取情况（2006～2010年） **表3-7**

年　份	知名发展商所获土地面积（hm^2）	全部出让土地面积（hm^2）	占　比
2006	491	2151	23%
2007	898	3763	24%
2008	288	2209	13%
2009	1541	3985	39%
2010	878	2676	33%
合　计	4096	14783	28%

数据来源：各城市国土局，中原集团研究中心。

3.5.2 整体闲置土地约占一成

对上述351幅土地的实际开发销售情况进行统计发现，2006年至2008年期间出让的土地，约有200hm^2尚处于未开发的土地状态，约占同期出让土地的13%。这些土地多为2007年出让，现已属于闲置用地，但从比例来看并不太高，不至于影响土地供求的总量平衡。

据统计，在2009年出让的土地中，已有53%进入建设阶段及销售阶段；2010年出让的土地也有8%的土地进入建设状态。这反映出这些知名发展商总体上倾向于拿地后尽快开发，而非蓄意囤地。

九城市知名发展商土地开发情况（2006～2010年） **表3-8**

年份	状态（面积）			状态（占比）		
	土地	建设	销售	土地	建设	销售
2006～2008年	206	307	1133	13%	19%	69%
2009年	721	339	479	47%	22%	31%
2010年	802	74	2	91%	8%	0%
合　计	1729	719	1614	43%	18%	40%

数据来源：各地国土局，中原集团研究中心。

3.5.3 部分城市闲置比例较高

分城市来看，2006年至2008年期间出让的地块仍处于未开发土地状态的主要分布在广州、武汉和上海，而北京、南京和杭州也有一定数量的闲置用地存在。另一方面，数据也显示出2009年至2010年期间，知名发展商在成都、南京和北京三城市大量拿地。

图3-10　九城市出让地块开发情况（2006～2008年）

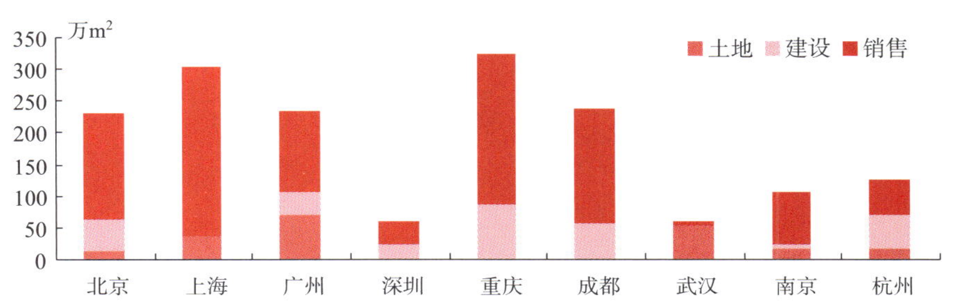

数据来源：各城市国土局，中原地产研究中心。

图3-11　九城市出让地块开发情况（2009～2010年）

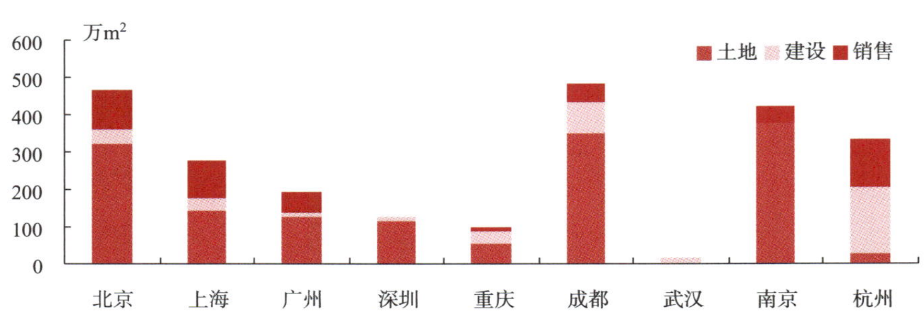

数据来源：各城市国土局，中原地产研究中心。

第4章 信贷政策趋严 二手楼市回暖进程曲折

政策是影响当前我国房地产市场走势的重要因素。而根据以往宏观调控政策的经验可以发现，信贷政策在诸多宏观调控政策中对二手楼市影响最大。2010年4月，新一轮房地产调控新政再度出台，信贷收紧至前所未有程度。受此影响，自4月下旬开始，五大城市二手房成交量锐减，成交价格亦由涨转跌。然而在经历了3个月的调整后，成交量开始回升，价格跌幅亦逐步收窄，进入8月，回暖趋势更为明显。正值一二手市场初露暖意之迹，国务院副总理李克强于8月中旬两次对于当前调控和保障性住房问题发表讲话，表明政府坚决落实房地产调控的决心。可以预见，下半年政策依然从紧，其中对于二手市场至关重要的信贷政策，短期内也不会放松。

若后市出现房价止跌回升而成交量大幅反弹的情况，政府将很可能采取更严厉的调控政策来控制市场。因此，下半年主要城市的二手房市场仍将处于政策高压之下，而目前成交量快速反弹的局面很可能被政策所阻断。预计，2010年第四季度市场将会趋于平稳，2011年楼市仍将会在政策的调控之下保持稳定，成交量和价格的起伏均会较小。

图4–1 五大城市二手住宅市场量价走势（2007年1月～2010年8月）

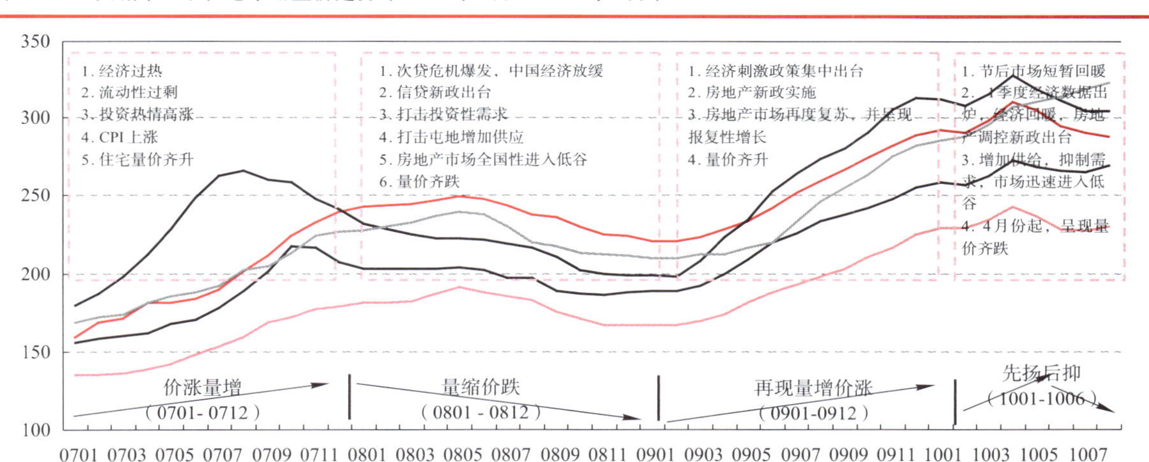

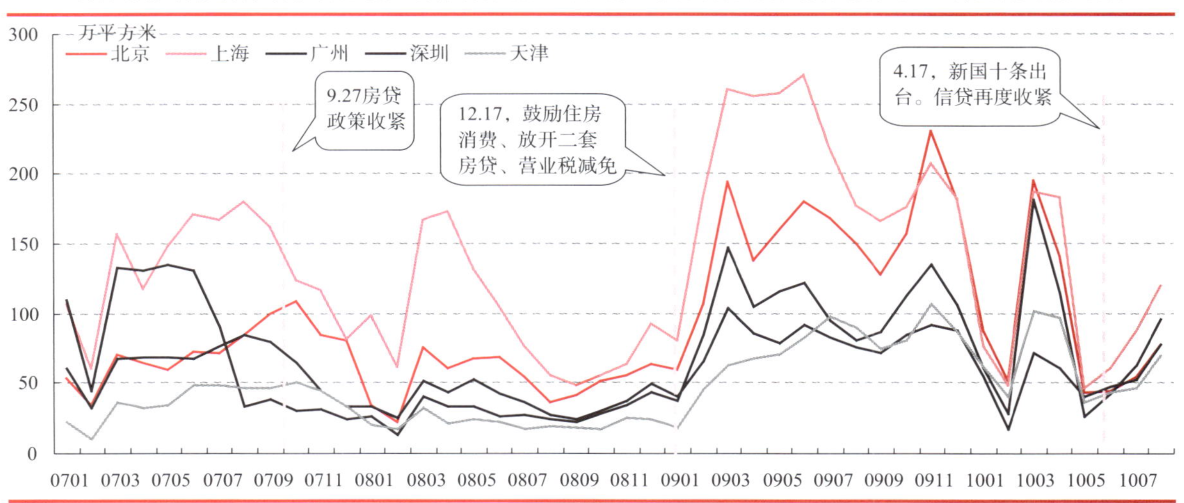

数据来源：中原集团研究中心。

4.1 信贷严厉　二手市场量价齐跌

4.1.1 信贷收紧　需求全面受抑

此番调控政策中对二手楼市影响最大的莫过于信贷的收紧。先是4月中旬出台的新国十条，要求执行严格的差别化住房信贷政策，对于购买首套90m^{2}以上首付三成，购买二套房首付五成。此举不仅抑制了投资/投机性需求，同时也误伤到改善性的需求。而后，二套房认定标准出台，由"以银行信贷记录为准"改为"以借款人实际持有房屋数量为准"，同时认定范围以家庭为单位，认定标准极为严格。8月，银监会再次出台声明，要求各地严格执行房贷7月新规，部分城市暂停3套房贷。据中原统计，五大城市购房者中约有7成需要银行贷款支持，这也意味着大部分的购房者会受到此次房贷收紧的影响。

新政颁布后，五大城市基本上都是严格按照中央的政策执行，改善购房的提法已经取消，只要是购第二套房都执行二套房贷规定，另有部分首套自住普通住房的购买者也已难以申请到7折优惠利率，而第三套房的贷款多数银行已暂停申请。受此影响，各地楼市应声回落，成交量锐减，根据中原统计数据，5月份各地成交量仅相当于2008年最低迷时期的水平。与此同时，二手房源挂牌价格开始回落，议价空间加大，CLI二手住宅价格指数亦于5月开始由涨转跌（图4-2，图4-3）。

4.1.2　二手楼市敏感　京沪深调整较深

据中原领先指数数据显示，在此轮调整中，深圳、上海和北京调整的幅度最大，新政后成交量缩减幅度约7成，价格指数自5月开始连续下跌，累计跌幅分别为7.3%、6.3%和6.9%；广州调整幅度相对较小，新政后成交量约缩减3成，价格指数的累计跌幅为2.8%；天津新政后成交量约缩减6成，但价格指数始终保持正增长。

深沪京之所以调整的幅度最大，与其投资比重较高不无关系，根据中原调查，新政前这3个城市的投资比重均在20%～25%之间，部分楼盘投资比重甚至超过5成。广州楼市一直以本地需求为主有关，历次市场波动广州楼市的起伏都较小，因此成交量的缩减幅度最小。而天津作为二线城市，房地产市场正处于快速起步期，因此尽管成交量有较大幅度的缩减，但价格仍保持微幅上涨。

五大城市房贷新政情况　　**表4-1**

	首　套	二　套	三套及以上
北京	首付3成，利率下浮15%～30%。部分首套普通住房都无法享受7折利率。	首付5成，利率上浮10%。 各城市不同银行标准不一，部分仍以贷款记录来判定二套房，部分以交易中心记录为准。 取消改善性二套房的说法，均按照二套房贷执行。 个别银行对"已卖掉现有住房后再购房"也认定为二套房。	暂停执行
上海			暂停执行
广州			暂停执行
深圳			暂停执行
天津			暂停执行

资料来源：中原集团研究中心，调研日期2010年8月30日。

4.1.3 需求转向　租赁市场成交活跃

与买卖市场的低迷截然不同，近期租赁市场颇为活跃，这主要是由于部分购房需求转向租赁市场兑现。一方面，市场下行预期加重，部分购房者选择转购为租，以满足现阶段的住房需求；另一方面，不少业主也由于高价出售的期望落空而选择转售为租。两方面原因促成了目前租赁市场的供求两旺。

4.1.4 经济回暖　带动租金持续上扬

2008年中时，在金融危机影响下各地租金纷纷下跌，2009年初随着宏观经济的逐步恢复，各地租金也随之波动上涨。根据中原领先指数系统显示，2009年初至今，北京二手住宅租金指数累计上涨近20%，在五大城市中涨幅最高；上海、广州、深圳和天津的租金涨幅亦在11%～16%之间。

图4-2　五大城市二手住宅成交面积走势（2007年1月～2010年8月）

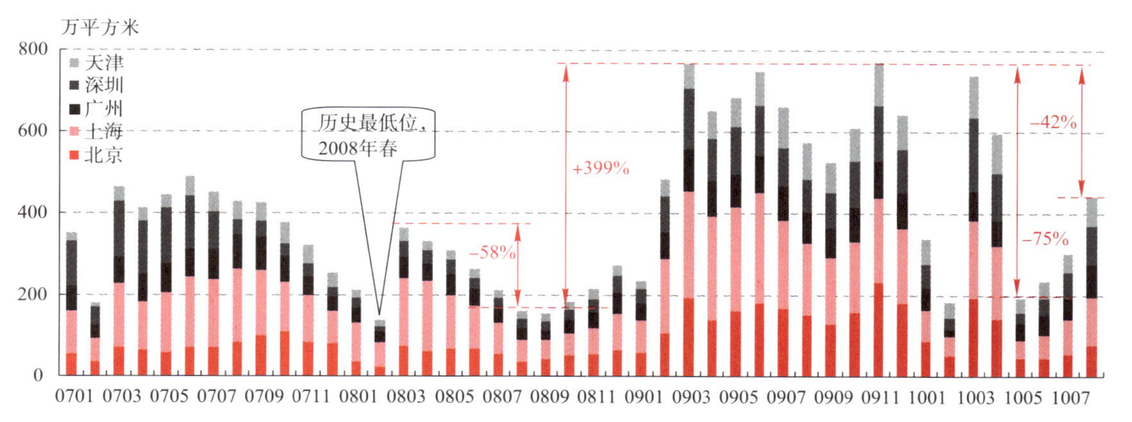

数据来源：中原集团研究中心。

图4-3　CLI二手住宅价格指数月度走势（2004年5月～2010年8月）

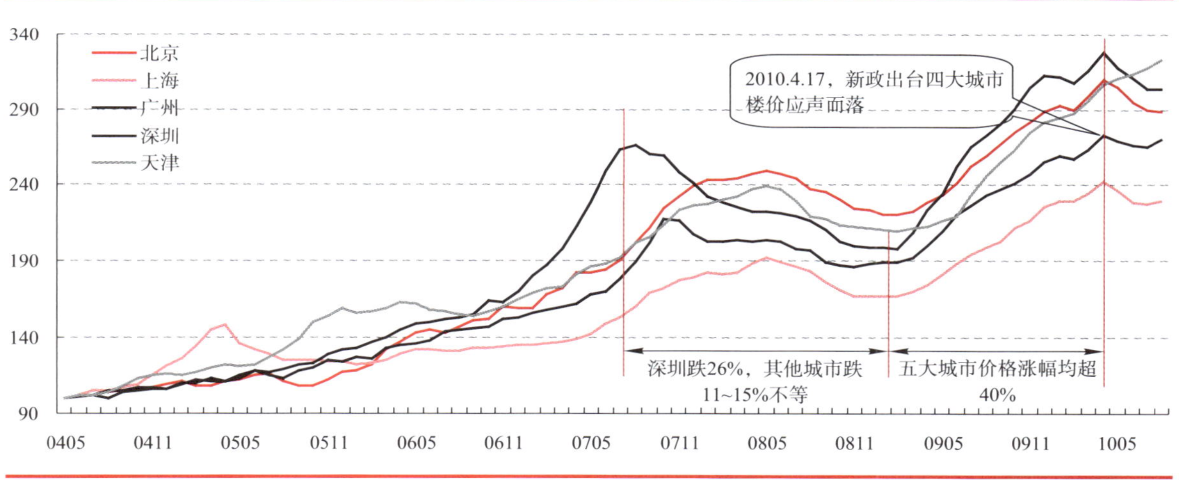

数据来源：中原集团研究中心。

图4-4　新政前五大城市二手住宅市场投资购房比例情况

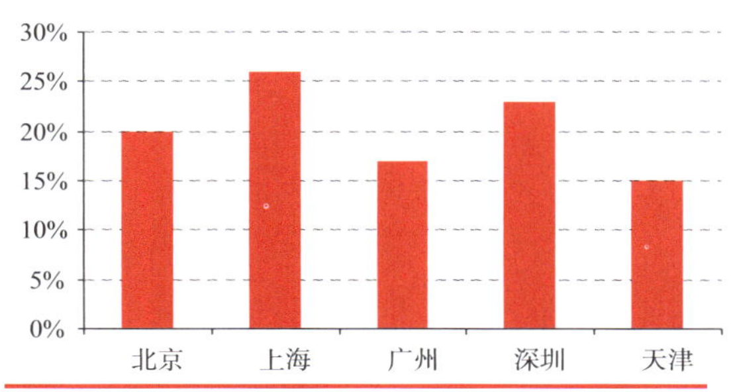

图4-5　新政前五大城市二手住宅市场贷款购房比例情况

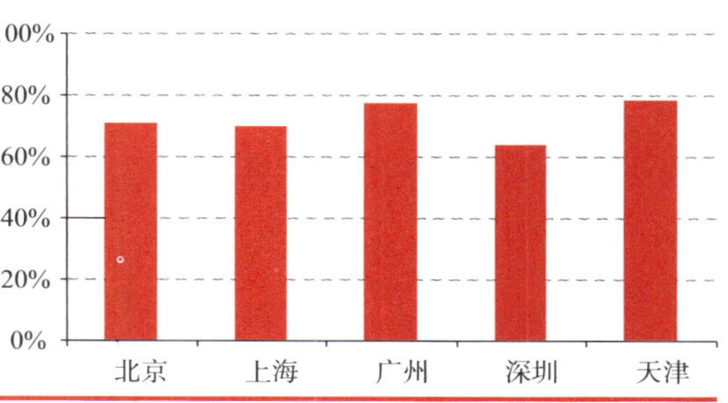

数据来源：中原集团研究中心。

图4-6　五大城市二手住宅租赁成交面积所占比重走势（2010年1月～2010年8月）

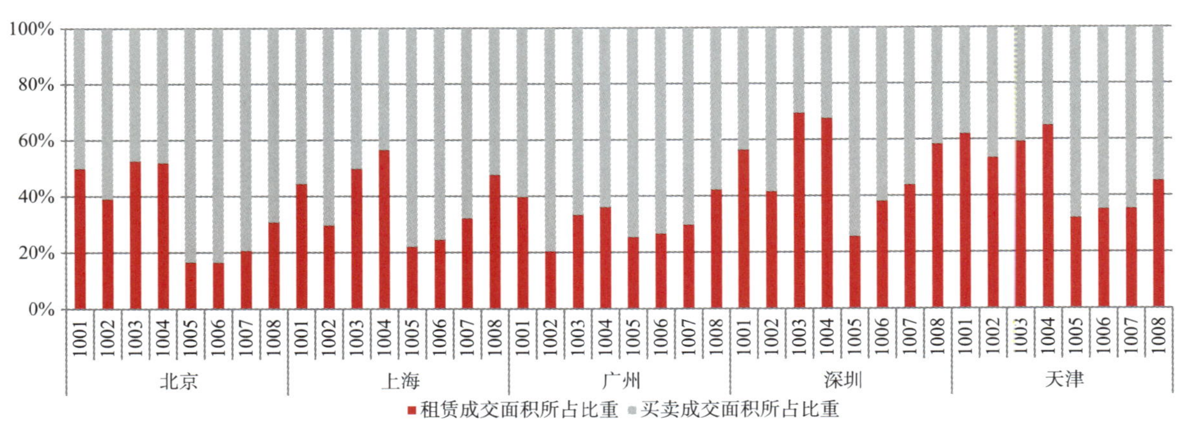

注：全市成交面积是根据中原成交面积估测所得。
数据来源：中原集团研究中心。

图4-7　CLI二手住宅租金指数月度走势（2004年5月～2010年8月）

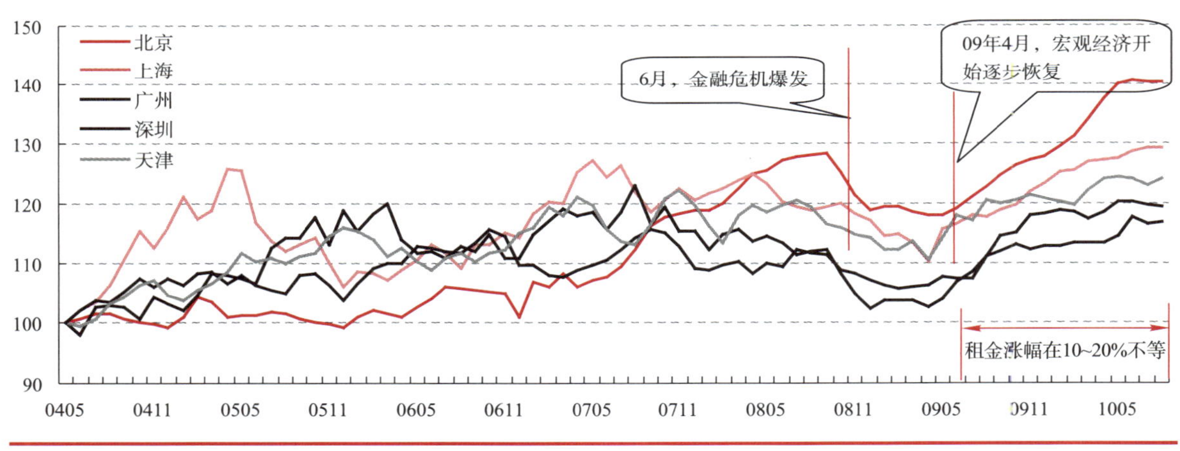

数据来源：中原集团研究中心。

长期来看，租赁市场是以实际的居住需求为基础的，较少存在投资炒作现象，这也是近年来房价飞涨而租金却较为平稳的主要原因。近期租金的上涨可以认为是对前期的补涨，预计下半年租金涨幅将会逐步趋于缓和。

4.2 市场分化　各类板块表现迥异

4.2.1 轨道交通建设　郊区板块价值提升

在一线城市，经过多年的发展，城市中心区可以用来开发的土地日益稀少，房地产的发展不断走向城市外围。然而郊区房地产市场的发展往往受到交通设施、生活配套的制约。轨道交通由于能缩短城郊间的通达时间，使得住在城市外围的市民可以方便地在城市中心工作和娱乐，极大地促进了郊区房地产市场的发展。例如上海，地铁一号线带动了南面闵行区和北面宝山区房地产市场的发展，形成了莘庄和顾村大型居住区；地铁二号线促使浦东新区世纪公园板块和天山板块的迅速升温；地铁三号线拉动了东北角江湾板块的发展。

大型活动如北京奥运会、上海世博会、广州亚运会以及深圳的大运会，各城市都藉此加快了轨道交通的建设速度。随着大量地铁线路建成或即将建成通车，上述城市中一批新兴的板块正在崛起，房地产市场表现出良好的上升势头。

轨道交通的建设，在改善沿线地区的交通条件的同时，也提升了周边的楼盘的升值空间。根据中原领先指数轨道房分类指数的统计显示，2004年5月至今，上海轨道房升值幅度高出全市平均水平约23%，其中近年建成通车的地铁线路（4号及其他线路）周边的物业升值幅度更高。

图4-8　CLI中原领先指数（上海轨道房分类指数）

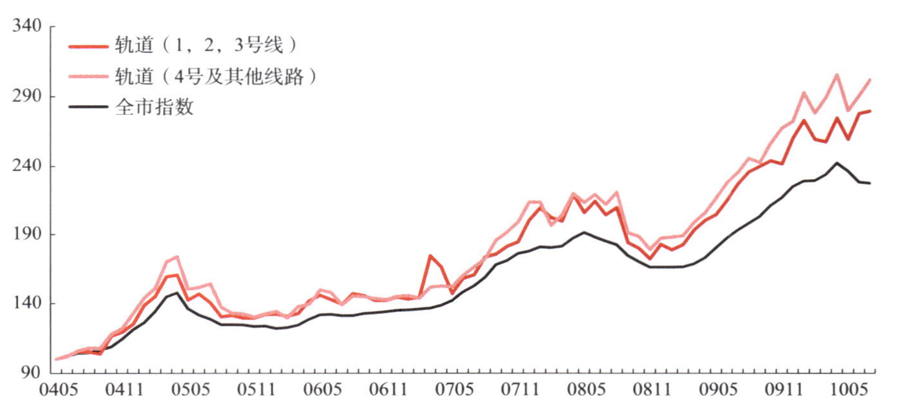

数据来源：中原集团研究中心

图4-9　CLI中原领先指数（深圳轨道房分类指数）

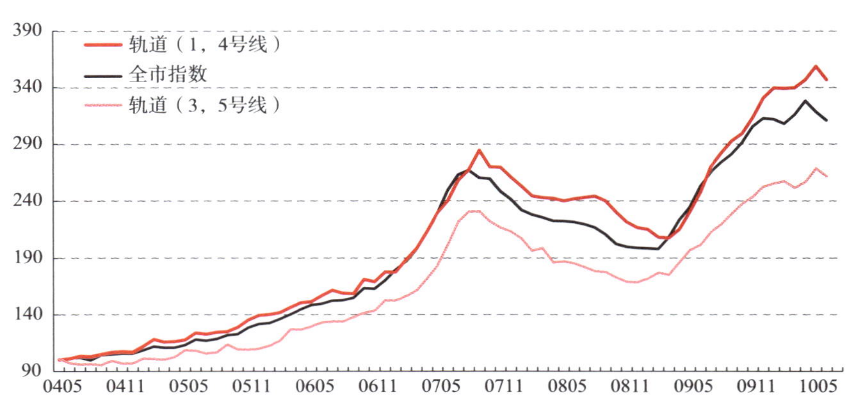

数据来源：中原集团研究中心

相比之下，深圳由于城市面积较小，早期建成的1、4号线又仅覆盖罗湖福田等关内区域，周边市民对地铁的依赖性较低，因此1、4号线周边的物业升值幅度仅略好于全市。而即将通车的3，5号线则主要覆盖关外地区，目前上述地区由于交通不便，房价上涨幅度小于关内，但随着地铁建成通车以及配套设施的改善，关外地区房价有望引来新的上涨空间。

而随着交通条件的改善，在价格上涨的同时，这类新兴板块的二手房租金也在快速上升。

4.2.2 教育资源垄断　学区房成交活跃

二手房的主要优势在于地理位置及配套设施的完善，目前国内城市中绝大多数公共优势教育资源集中在城市中心区域，然而中心区的新房供应有限，因此学区房的购入多通过二手房交易来实现。国内注重教育的传统使得学区房市场长久以来需求旺盛，而且学区房的需求群体经济实力较好，交易流转节奏与子女教育挂钩紧密，需求极为刚性，受政策影响较小，因此即便在逆市价格仍保持坚挺，成交亦相对活跃。

以深圳为例，学区房主要集中在罗湖区、福田区和南山区，但位于上述三个区且拥有学区资源的新房可谓凤毛麟角。与此同时，深圳的人口年龄结构又导致目前学区房需求旺盛，据“五普”资料，深圳全市人口年龄平均25.37岁，20～39岁的人口占总人口的比重高达66.38%。30～39岁的人群恰逢子女入读，学区房需求凸现。由于学区房资源有限，需求又极为旺盛，因此学区房价格会比一般的非学位房高，价格升值空间以及抗跌性均较强。据中原统计数据显示，从2004年至2010年的7年间，学位房均价格一直高于全市二手房均价，且两者之间的差距差不断扩大，从2004年相差788元/m^{2}到2010年相差6721元/m^2。

相比之下，深圳由于城市面积较小，早期建成的1、4号线又仅覆盖罗湖福田等关内区域，周边市民对地铁的依赖性较低，因此1、4号线周边的物业升值幅度仅略好于全市。而即将通车的3，5号线则主要覆盖关外地区，目前上述地区由于交通不便，房价上涨幅度小于关内，但随着地铁建成通车以及配套设施的改善，关外地区房价有望引来新的上涨空间。

而随着交通条件的改善，在价格上涨的同时，这类新兴板块的二手房租金也在快速上升。

4.2.3 豪宅成交锐减　中小户型主导

由于本次房地产调控，主要针对是投资投机需求，豪宅市场则是首当其冲，受到的影响最大。根据中原监测，自5月以来，豪宅成交大幅缩减，市场成交主要来自刚性自住需求。这类需求由于购买力相对有限，因此中小户型的低总价房源成为其首选，成交比重显著提高。

中原成交数据显示，新政后北京、上海和深圳三城市高档公寓成交比重显著下降，降幅约10个百分点；广州和天津则与新政前基本持平。截至6月底，五大城市90m^{2}以下中小户型占成交的比重均已超过60%，其中上海和深圳这一比例分别为66.1%和64.6%。从区域分布来看，次中心区域和一些配套相对成熟的外围区域，成交相对活跃。主要原因是这些区域价格相对较低，且近期的价格松动较大。

进入8月，随着市场的回暖，豪宅市场亦逐渐活跃，但从市场整体来看，豪宅部分所占比重并未有提高。这也从侧面显示出，向来投资投机氛围较浓的豪宅市场受到政策的影响较大，在政策持续收紧的情况下，市场活跃程度相对有限。

4.2.4 投资需求骚动　次中心区暴涨暴跌

中原领先指数系统数据显示，各城市近期楼价出现下跌的区域中，多以次中心区域为主，而这也正是去年价格上涨最快的区域。从各地楼盘跌幅榜可以看到（表4-2），跌幅前十位中6成或以上均为位于次中心区域的楼盘。

次中心区价格出现暴涨暴跌，与投资比重有重要的关联。2009年随着楼市的复苏，次中心区的洼地价值凸现，自住需求率先进入，并带动投资需求迅速跟进，促使该区域价格迅速攀升；而当今年楼市步入调整期，这些区域由于受后期新增供应增加及二手房空置率较高的双重压力，投资客纷纷率先抛盘套现，带动区域价格下滑。根据中原目前成交记录，这一价格下滑趋势正在加剧。

图 4–10　CLI 中原领先指数（上海学区房分类指数）

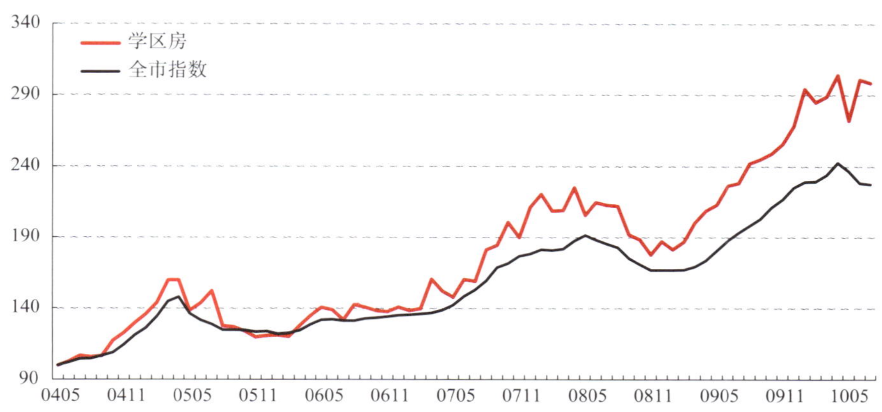

数据来源：中原集团研究中心。

图 4–11　CLI 中原领先指数（深圳学区房分类指数）

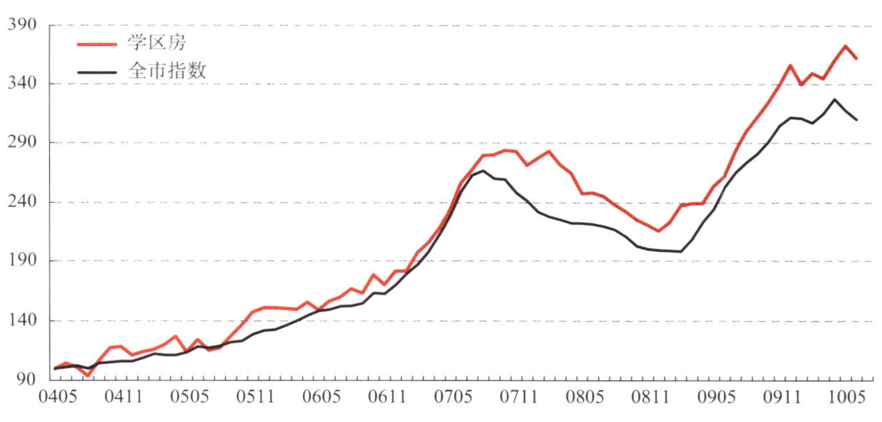

数据来源：中原集团研究中心。

图 4–12　新政前后五大城市二手高档住宅成交占比变化情况

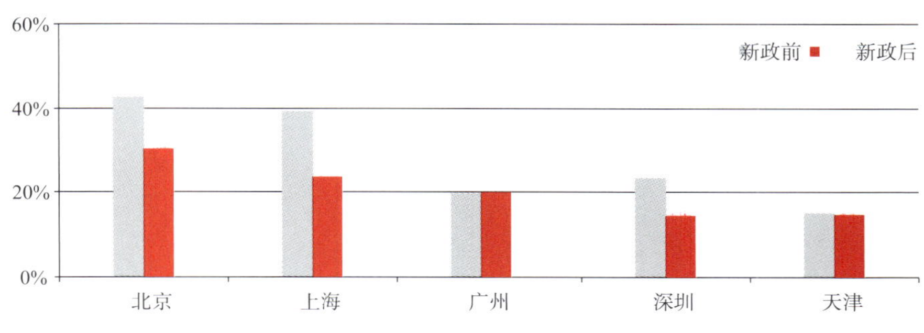

注：高档住宅定义为，北京、上海和深圳单价超过20000元/平方米；广州和天津单价超过15000元/平方米。
数据来源：中原集团研究中心。

图4-13　新政后五大城市二手住宅成交面积分布情况

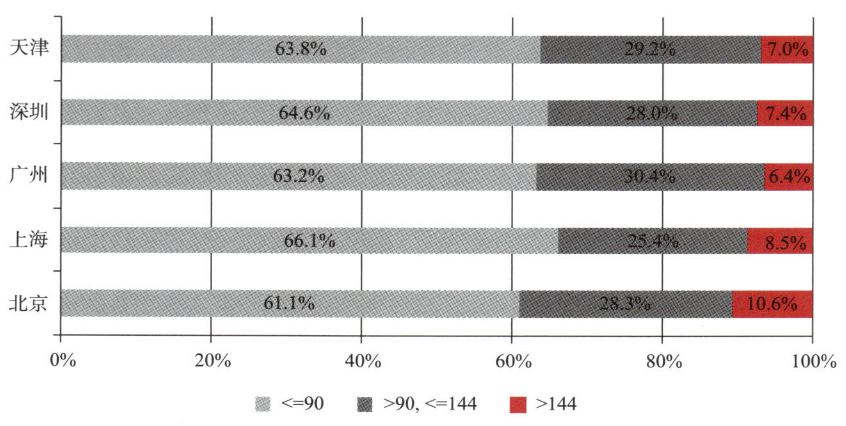

注：高档住宅定义为，北京、上海和深圳单价超过20000元/平方米；广州和天津单价超过15000元/平方米。
数据来源：中原集团研究中心。

CLI四大城市二手住宅板块跌幅榜（2010年7月）　　表4-2

城市	名次	区域	板块名称	板块均价	价格变化	名次	区域	板块名称	板块均价	价格变化
北京	1	海淀	世纪城	34730	-8.2%	6	海淀	田村	20365	-7.2%
	2	朝阳	国贸	27538	-8.0%	7	朝阳	四惠	20345	-7.2%
	3	丰台	草桥	16809	-7.9%	8	丰台	六里桥	20020	-7.1%
	4	朝阳	朝阳公园	28457	-7.8%	9	朝阳	大望路	23855	-7.0%
	5	丰台	马家堡	19275	-7.7%	10	西城	西直门	28270	-7.0%
上海	1	卢湾	太平桥	47301	-11.4%	6	虹口	周家嘴	24743	-9.4%
	2	宝山	万里	18917	-10.0%	7	杨浦	黄兴公园	20091	-8.6%
	3	宝山	上大	12313	-10.0%	8	普陀	曹杨	23977	-8.2%
	4	闸北	大宁	21794	-9.8%	9	静安	新闸路	37911	-7.9%
	5	浦东	张江	17324	-9.6%	10	闵行	古美	15436	-7.6%
广州	1	白云	罗冲围	8996	-7.4%	6	海珠	滨江东	13594	-4.3%
	2	天河	员村	10545	-7.2%	7	越秀	小北路	15821	-4.3%
	3	番禺	洛溪	8041	-5.9%	8	白云	机场路	9187	-4.3%
	4	越秀	东湖	18087	-5.9%	9	越秀	淘金	13652	-4.1%
	5	天河	天河北	14466	-5.0%	10	海珠	赤岗	10367	-4.0%
深圳	1	南山	后海	16872	-14.3%	6	盐田	沙头角	11430	-10.3%
	2	福田	莲花（含中心北区）	20034	-14.1%	7	罗湖	蔡屋围	13919	-10.1%
	3	罗湖	翠竹	13484	-13.3%	8	罗湖	东门	15235	-9.8%
	4	福田	保税	12031	-13.1%	9	罗湖	布心	12009	-9.7%
	5	南山	南油	13875	-12.7%	10	宝安	宝城中心区	14873	-9.6%

数据来源：中原集团研究中心。

4.3 市场日趋成熟 未来空间依然较大

4.3.1 二手比重过半 流通率仍处较低水平

经过十余年的快速发展，我国五大城市，即北京、上海、广州、深圳和天津二手房市场发展已颇为成熟，二手住宅成交面积逼近一手住宅。根据中原统计，截至2010年上半年，深圳二手住宅成交比重已达78%；其他四城市该比重均在50%左右，也显示出二手房在商品住宅成交中的地位日趋重要。但和房地产市场发展成熟的香港作比较，仅深圳二手住宅成交比重基本达到香港的水平，而其他四城市二手住宅成交比重和香港尚有一定的差距。这主要是由于深圳受限于城市土地紧缺，一手住宅供应逐年减少，因此二手住宅成交比重一直是五大城市中最高的。

另据中原统计，截至2009年底，国内五城市存量住宅规模是香港的3～6倍。但反观二手住宅流通率，除天津外，其他四城市二手住宅流通率均在4.0%以上，深圳约5.0%。尽管该指标逐年稳步提升，但仍和香港8.3%的水平有较大的差距，因此未来五大城市二手房还有较大的发展空间。

图4-14 五大城市二手住宅成交占比情况（2010年上半年）

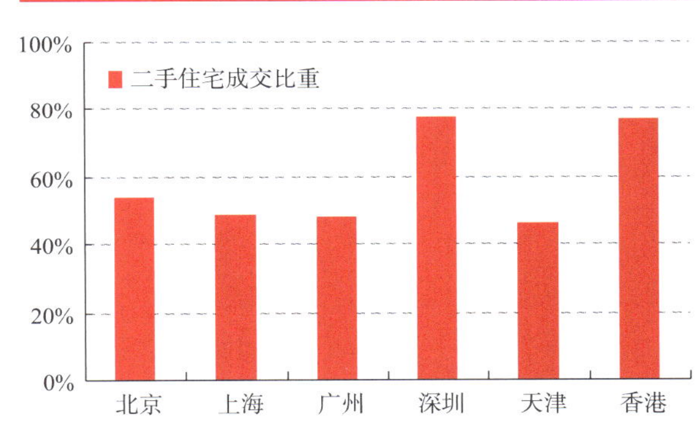

图4-15 五大城市二手住宅流通率对比（2009年）

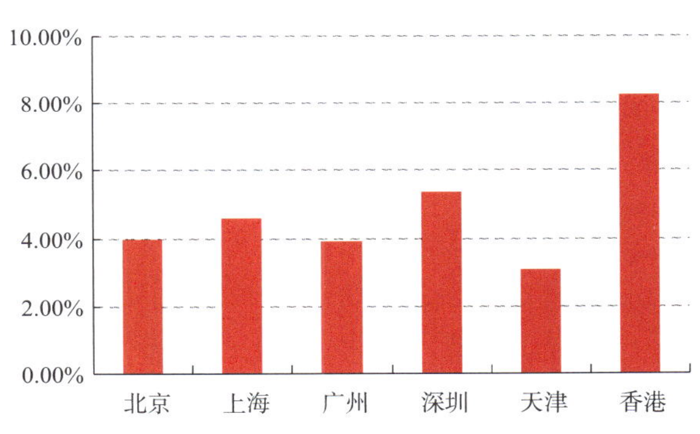

注：流通率=当年二手住宅成交套数/住宅存量总套数。
数据来源：中原集团研究中心。

五大城市二手房市场新兴板块 表4-3

城市	区域	板块	重要影响因素
北京	大兴区	黄村板块	轨道4号线延长段
上海	宝山区	顾村板块、共富板块、上大板块	轨道1号线延长段 轨道7号线
	浦东新区	三林、浦江镇板块	世博会、轨道8号线的通车，轨道11号线
	南汇区	周康板块	原南汇区行政区域并入浦东新区
	嘉定区	南翔板块	轨道11号线在2010年实现通车运营
	松江区	九亭板块	轨道9号线
广州	白云区	金沙洲板块	轨道6号线将于9月开通，而且生活配套的规划在全方位的落实中
深圳	宝安区	中心城板块、龙华板块	特区内外一体化，轨道交通1号线延长段、轨道2号线、轨道5号线将于今明两年开通
	龙岗区	中心板块、布吉板块	特区内外一体化，轨道3号线、4号线将于今明两年开通
	南山区	前海板块、后海板块	前海深港现代服务业合作区发展规划
天津	西青区	中北镇板块	轨道2号线开通得到快速发展，将有望在3年内成为第二个华苑板块
	红桥区	芥园道板块	轨道1号线、毗邻天津市的一大交通枢纽——西站

数据来源：中原集团研究中心。

4.3.2 城市扩容 新兴板块不断崛起

由于中心区土地的稀缺性，中心区一手住宅供应日趋减少，根据中原统计，截至2010年上半年，五大城市中心区所占比重尚不足16%，其中京沪津该比重仅为5%左右。与此同时，外来人口却不断增长，因此政府多采取建设新区、区域合并、郊区并入市区范围等方式，来扩大城市范围。随着城市范围的扩大，势必将拉动郊区房地产市场的发展。

如深圳自2010年7月1日起，将宝安、龙岗两区纳入特区范围，从而使得深圳特区面积增长了近5倍，这一方面缓解了之前特区内居住用地供应紧张的局面，另一方面特区内外一体化有利于提高特区外城市配套，提升特区外居民住房品质，也将带动关内居民向关外转移，对于宝安、龙岗两区的房地产市场的发展也将起到一定的推动作用。上海在2009年5月将南汇区并入浦东新区形成“大浦东”后，一方面是对于原浦东新区土地的补充，合并后浦东新区的土地面积扩大了一倍有余；另一方面，南汇区临港新城的航运物流产业会和浦东新区陆家嘴的金融服务业形成互补，从而促进产业经济，增加产业人员，并由此带来房地产的需求，有助于加快南汇区域房地产发展。同年9月上海公布的“大虹桥”规划，对于长宁区、闵行区、青浦区和嘉定区的房地产市场亦是一个不小的推动力。

图4-16 五大城市一手住宅成交面积区域分布（2005～2010年上半年）

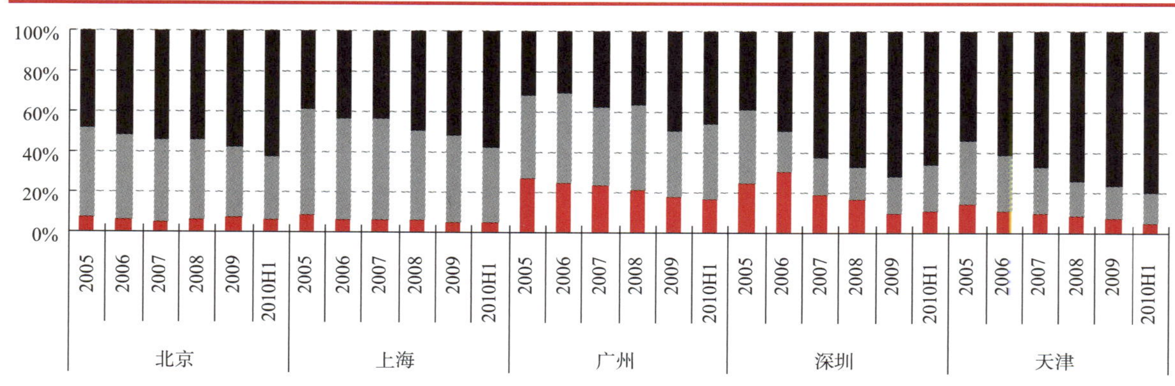

数据来源：中原集团研究中心。

图4-17 北京市二手住宅购房者不同置业次数所占比重（2010年1月～2010年7月）

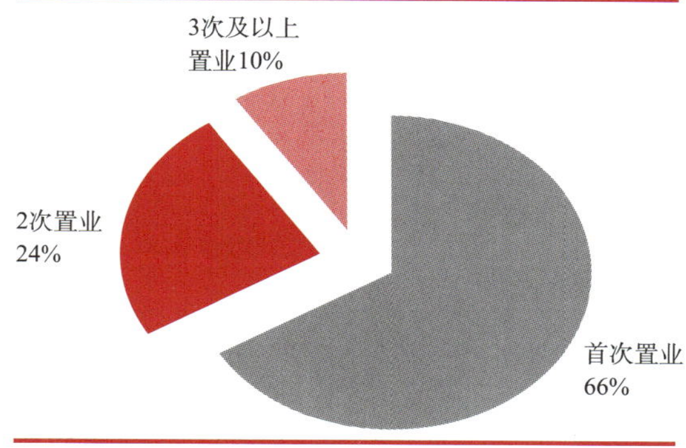

图4-18 北京市各年龄段二手住宅购房者的置业次数所占比重（2010年1月～2010年7月）

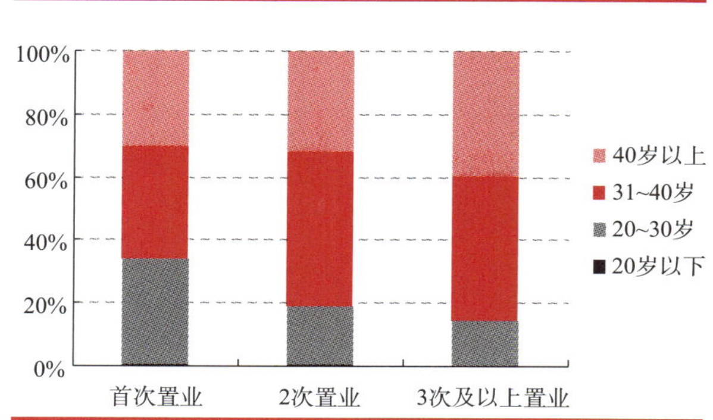

数据来源：中原集团研究中心。

4.3.3 收入提高　改善型需求充足

随着城市经济的发展、城市功能的改造、人民生活水平及可支配收入的不断提高，改善型需求在全部购房者中所占比重正在逐步提高。特别是在一线城市，其城市化率已达到并超过了发达国家的城市化水平，旧城改造、城市更新所产生的改善型需求正在成为住宅市场的主要推动力。相对于一手房来说，二手房的地理位置和配套都相对较为成熟，因此成为部分改善型置业者的首选。

根据2005年国家统计局在全国范围内所做的1%人口的住房调查，尽管经历了近十年的大规模住房建设，但全国仍约有四成的住房为1990年以前建造，北京、上海两城市情况与全国类似，这些1990年前的住房亟待置换及改造。另外，部分之前过渡性置业者，随着收入水平的提高，改善需求正在逐步产生。

以北京为例，今年前7个月中原成交的二手住宅中，买家是首次置业的占66%，改善型置业者占34%。在改善型置业者中，年龄在31～40岁之间占50%，另有35%年龄在40岁以上。这类人群正值中年，经济基础相对较好，同时又面临子女就读或改善居住条件的需求，因此这个年龄段的人群是二次置业的主力。进一步分析31～40岁这部分买家购买房产所处的区域，发现海淀区和朝阳区是相对最多的区域，分别占39%和31%，而在海淀区有一半的成交集中在上地板块、世纪城板块和万柳社区板块，这3个板块恰是海淀区学区房所在板块。

4.4 政策趋严　楼市仍将继续探底

4.4.1 信贷维持收紧　政策或将更严格

从目前的市场情况来看，本轮调控的效果已经显现，各地二手房价上涨的步伐得到了遏制，成交量跌至谷底。然而在经历了3个月的调整期后，价格跌幅趋于收窄，成交量亦开始回升。从中原所监测的业主挂牌价格变化及新增客户量等数据来看，近期业主心态由弱转强，挂牌价格下调比重下降，议价空间缩小，甚至出现小部分业主跳价，而部分被抑制的刚性需求也开始释放，甚至投资客出手也明显增加。

第4季度楼事的走势将很大程度上取决于政策的变化。正值一二手市场初露暖意之迹，国务院副总理李克强于8月中旬两次对于当前调控和保障性住房问题发表讲话，表示当前要积极贯彻国务院关于房地产市场调控的一系列政策措施，坚决抑制投机炒作等不合理需求，增加住房有效供给，巩固调控的初步成果，保持房地产市场和经济的长期平稳发展。这无疑显示出中央政府对于调控从严不变的决心，下半年政策依然从紧，其中对于二手市场至关重要的信贷政策，短期内也不会有放松的可能。

从2010年8月份的数据来看，五大城市的楼市已经处于回暖过程中，成交量大幅增加，价格亦表现出止跌回升的趋势，接下来的“金九银十”，楼市可能维持惯性进一步反弹。成交量的快速回升必将带动价格的攀升，而如果价格一旦再度上涨，则政府极有可能再出新政来抑制市场，以打压房价。因此我们预计，2010年第4季度，房地产市场政策环境可能更加趋紧，受此影响，成交量回升的势头将会止步。

4.4.2 价格下调压力犹在　四季度有望再降价

尽管在5～7月间，四大城市的二手房价格出现了不同程度的下跌，但累计跌幅并不大。根据中原领先指数显示，5大城市二手房价格降价幅度在10%以内，目前指数值与2010年年初大致相当。面对目前各地楼价僵持不下的现状，政府官员频频表态：房价需要合理回落。

在政策和舆论的高压之下，房价下调的压力依然较大。而从新房市场的数据来看，二手房价格将在新房市场的降价压力下进一步下跌，五大城市二手住宅价格累计跌幅或将在10%～20%之间。随着价格的进一步下跌，需求有望跟进，预计全年成交量将介于2008年和2009年的中间水平。

从区域结构上来看，由于9，10月份，四季度各城市新房供应量将会大幅增加，价格下降的趋势可能更为显著，因而在一些周边有大量新房供应的区域，二手房价格亦将进一步下跌，这类区域主要集中于城市外围地区。而在城市中心区，新房供应较少，二手房市场则相对稳定，价格下降的空间相对有限。

图4-19　CLI二手住宅价格指数月度走势预测（2004年5月～2010年12月）

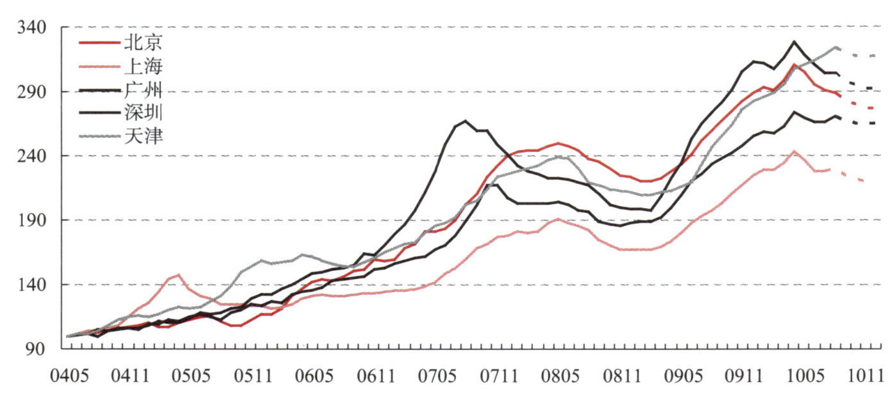

注：2010年9至12月数据为中原预测数据。
数据来源：中原集团研究中心。

图4-20　五大城市二手住宅成交面积预测（2007年1月～2010年12月）

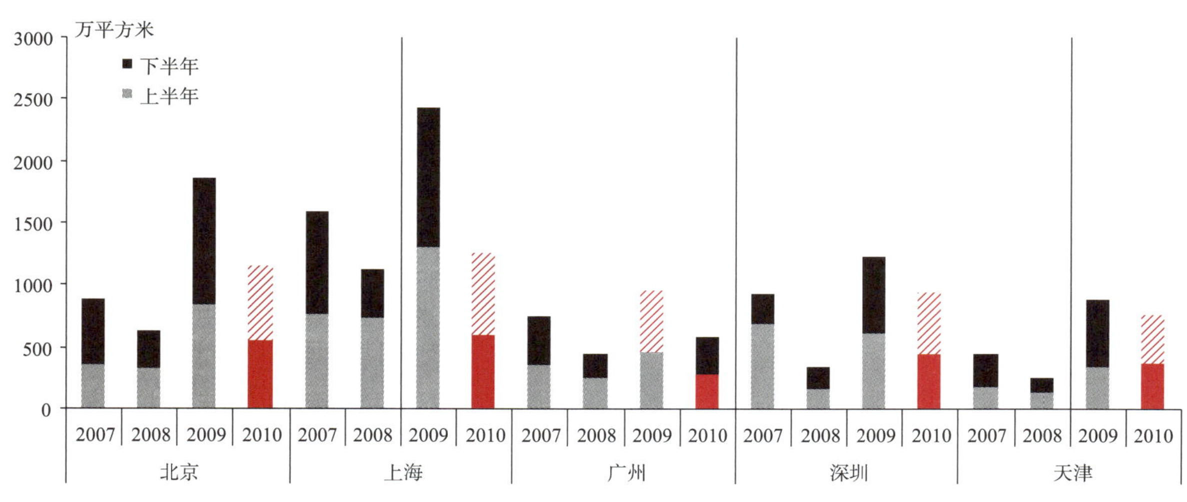

注：2010年下半年数据为中原预测数据。
数据来源：中原集团研究中心。

第5章　写字楼市场复苏　潜力城市综合评价

与住宅市场的起起落落相比，写字楼市场历年来都保持着稳步上升的走势，并与中国经济的发展速度保持着惊人的同步性。2008～2009年，“次贷”危机带来的全球金融海啸让中国写字楼市场经历了近十年来幅度最大的一次调整；而2009年底到2010年上半年，大规模的经济刺激计划让企业信心快速恢复，写字楼市场踏上复苏之路。

然而在写字楼市场的波动过程中，我们发现，不同城市写字楼市场面对经济危机出现的调整幅度各有不同，同时复苏的步伐也有先后之分，租金反弹的幅度更是大相径庭。为了探寻不同城市写字楼市场不同表现的深层原因，我们采用了一些方法对写字楼市场的潜力进行分析，以期加深对不同城市市场的了解。

5.1 城市分类

为了研究中国主要城市写字楼市场的发展潜力，我们选取了十个城市作为我们的研究对象，这十个城市分别是四大直辖市（北京、上海、天津、重庆）、长三角核心城市（杭州、南京）、珠三角核心城市（广州、深圳）、中西部核心城市（成都、武汉），这十个城市基本能代表中国写字楼市场发展的最高水平，同时也最具有代表性。

我们以写字楼市场的规模（存量水平）和甲级写字楼租金水平划分，把这十大城市分为三类。

- 一线城市：北京、上海（甲级写字楼租金水平在200元/m^2·月左右、写字楼规模超过1000万m^2）
- 二线城市：广州、深圳、天津、成都、杭州、南京（甲级写字楼租金水平在100元/m^2·月左右、写字楼规模在500万m^{2}左右）
- 三线城市：武汉、重庆（甲级写字楼租金水平在60元/m^2·月左右、写字楼规模在500万m^{2}左右）

图5-1　十大城市写字楼规模及租金水平示意图

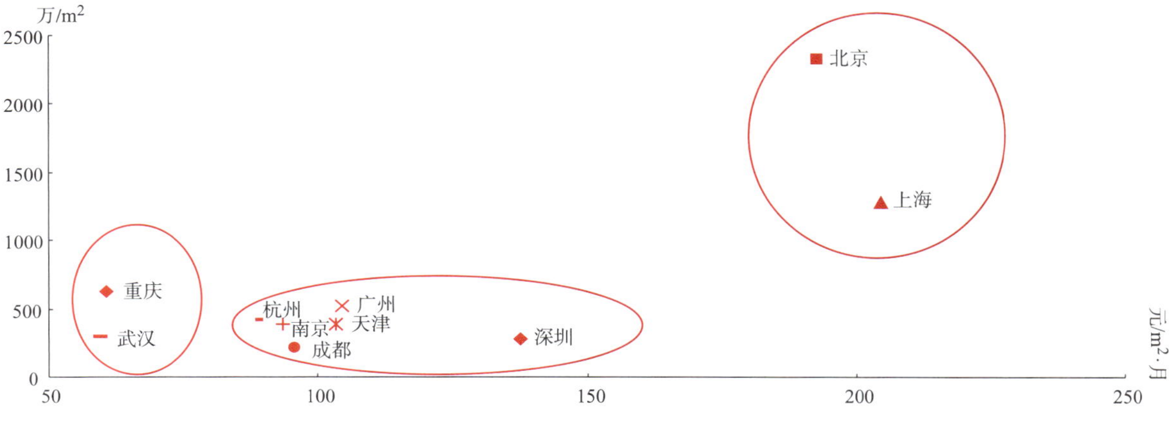

注：写字楼存量取1998～2009年写字楼竣工面积之和；纵轴为写字楼规模、横轴为甲级写字楼租金。

数据来源：中原写字楼监测系统、中原集团研究中心。

5.2 写字楼市场发展潜力研究指标体系

5.2.1 模型体系

写字楼市场的发展与城市经济的发展息息相关，同时写字楼市场的自身表现也能衡量出该城市写字楼市场的供求情况，另外未来市场的供应情况也将影响写字楼市场的发展潜力。

我们以以下四个指标作为衡量各城市写字楼市场发展潜力的标准

◆ 经济承受力：衡量城市经济对写字楼的支撑水平

写字楼市场的发展规模与当地的经济发展水平是息息相关的，而对写字楼发展影响最大的经济因素是第三产业和以金融业、地产业为代表的高附加值产业（即高端产业）。因此，在衡量经济对写字楼承受力的时候，我们采用第三产业支撑力（第三产业增加值/写字楼存量）、高端产业支撑力（高端产业增加值/写字楼存量）这两个指标。

◆ 市场承受力：衡量目前写字楼市场的吸纳能力

写字楼市场的当期表现能够衡量出写字楼市场目前的发展状况，目前状况越好，未来的发展潜力越大，目前状况越差，未来的潜力越小。我们采用写字楼入住率和人均写字楼面积（写字楼存量/第三产业从业人员）这两个指标来描述写字楼市场的当期表现。

◆ 租金承受力：衡量目前租金水平是否能够持续

写字楼租金的表现也是衡量一个城市写字楼市场是否具有发展潜力的重要指标之一。租金回报率、甲级写字楼租金承受力（高端产业增加值/甲级写字楼租金水平）这两个指标能够衡量所在城市写字楼市场租金是否合理，从而间接衡量该城市写字楼市场的潜力大小。

◆ 未来承受力：衡量未来写字楼市场的吸纳能力

未来写字楼市场的供应情况也对城市写字楼市场的潜力具有较大的影响，未来供应水平越大，写字楼市场的潜力越小，未来供应水平越小，写字楼市场的潜力越大。我们把未来供应分为两类，一类是短期供应，一类是中期供应，相应的我们取短期承受力（竣工面积/第三产业从业人员）、中期承受力（施工面积/第三产业从业人员）这两个指标来衡量写字楼市场对未来供应的承受能力。

5.2.2 指标解释

具体评价指标说明 **表 5-1**

指标	指标说明
经济承受力（E）	第三产业支撑力（2009年第三产业增加值/写字楼存量）：比值越大表明第三产业对写字楼的支撑能力越强
	高端产业支撑力（2009年高端产业增加值/写字楼存量）：比值越大表明高端产业对写字楼的支撑能力越强
市场承受力（M）	入住率（2010年）：入住水平越高，表明写字楼供不应求现象越明显
	人均写字楼面积（写字楼存量/2009年第三产业从业人员）：人均写字楼面积越大，表明写字楼越不稀缺
租金承受力（R）	租金回报率（2010年）：回报率越高表明租金承受能力越强，对写字楼的需求越强
	甲级写字楼租金承受力（2009年高端产业增加值/2010年甲级写字楼租金水平）：比值越大表明对甲级写字楼租金的承受能力越强，对甲级写字楼的需求越强
未来承受力（F）	短期承受力（2007～2009年竣工面积/2009年第三产业从业人员）：比值越大表明短期写字楼供应压力越大
	中期承受力（2009年施工面积/2009年第三产业从业人员）：比值越大表明中期写字楼供应压力越大

5.2.3 评价方法

◆ 指标取值标准化：取十城市指标计算结果的平均数值为1，按各城市计算结果与平均数值的实际差距取值（各城市结算结果与平均数值相除），表现越差取值越小，表现越好取值越大

◆ 评价公式：评价结果取标准化后指标数值的平均值

P（E）= Ave（第三产业支撑力、高端产业支撑力）

P（M）= Ave（入住率、人均写字楼面积）

P（R）= Ave（租金回报率、甲级写字楼租金承受力）

P（F）= Ave（短期承受力、中期承受力）

P=Ave[P（E）、P（M）、P（R）、P（F）]

◆ 备注

由于我们挑选了中国写字楼市场发展最为成熟的十大城市，因此这些城市写字楼市场潜力的大小是相对而言的，评价结果较低并不代表该城市写字楼市场潜力低，仅表示在这十大城市之间的比较中处于较低水平。

5.3 十大城市写字楼市场潜力综合评价

5.3.1 分项评估排名

◆ 经济承受力（E）

通过计算，我们发现这两个指标的计算结果十分接近，深圳、成都、广州均位于前三，而杭州、南京、北京、重庆均位于最后四位。计算结果表明，深圳、成都、广州经济对写字楼市场的支撑最为明显，而杭州、南京、北京、重庆经济的发展明显滞后于写字楼市场的发展规模。其中，深圳由于写字楼的规模过小，而经济发展水平较高，因此两项指标均排名第一，而北京、重庆由于写字楼规模过大，两项指标之和排名垫底。成都、广州经济对写字楼的支撑能力也相对较好，上海、天津、南京、武汉、杭州处于中等水平。

十大城市经济承受力指标计算结果 表5-2

	第三产业支撑力	高端产业支撑力	经济承受力（E）
北京	0.49	0.50	0.49
上海	0.87	1.05	0.96
广州	1.33	1.06	1.19
深圳	1.98	2.78	2.38
天津	1.05	0.79	0.92
成都	1.36	1.25	1.30
杭州	0.75	0.72	0.73
南京	0.70	0.71	0.71
武汉	0.98	0.71	0.84
重庆	0.50	0.44	0.47

数据来源：中原写字楼监测系统、中原集团研究中心。

图5-2　十大城市经济承受力指标综合计算结果图

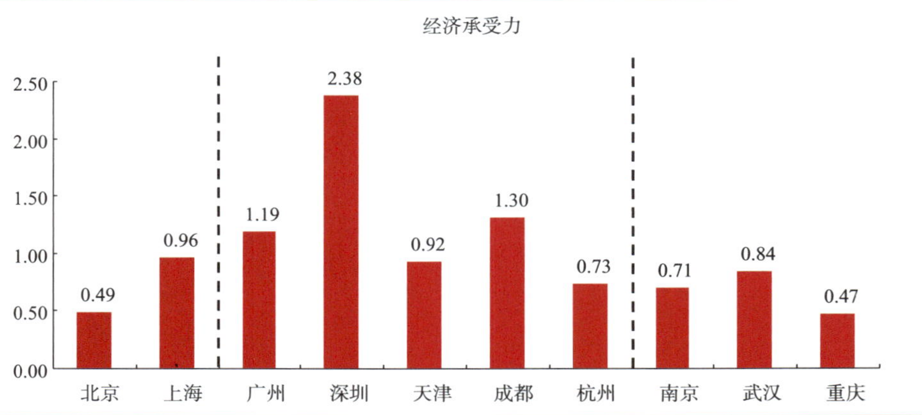

数据来源：中原写字楼监测系统、中原集团研究中心。

◆ 市场承受力（M）

十大城市市场承受力指标计算结果　　表5-3

	入住率	人均写字楼面积	市场承受力（M）
北京	1.02	0.54	0.78
上海	1.08	0.77	0.92
广州	1.05	1.14	1.09
深圳	1.11	1.87	1.49
天津	1.02	1.36	1.19
成都	0.96	2.69	1.83
杭州	0.86	0.98	0.92
南京	0.77	0.53	0.65
武汉	1.07	1.31	1.19
重庆	1.06	1.53	1.30

数据来源：中原写字楼监测系统、中原集团研究中心。

图5-3　十大城市市场承受力指标综合计算结果图

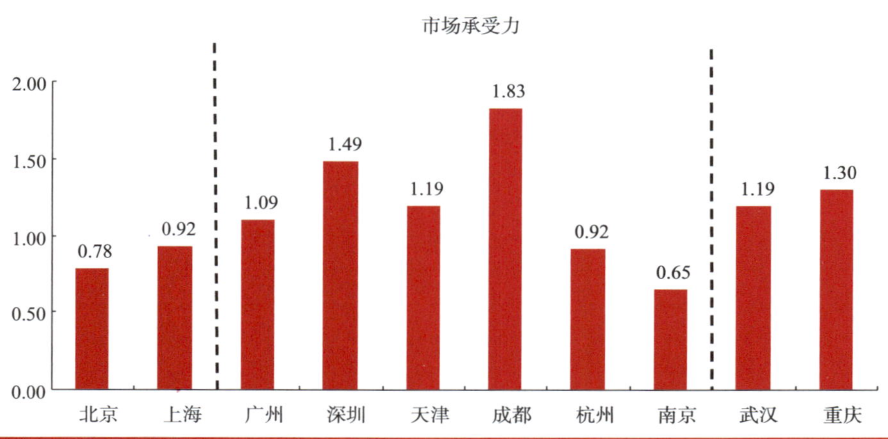

数据来源：中原写字楼监测系统、中原集团研究中心。

通过计算，我们发现，成都、深圳在市场表现方面明显优于其他城市，其中深圳入住率表现最为优异，同时由于写字楼存量面积小，因此人均写字楼面积指标表现也较好，而成都由于人均写字楼面积最小，因此市场表现在十大城市中最佳。南京写字楼入住率、人均写字楼面积表现均最差，因此整体市场表现最差。重庆、武汉、天津、广州当期市场表现也较好，而上海、杭州、北京市场表现明显低于市场平均水平。

◆ 租金承受力（R）

十大城市租金承受力指标计算结果　　表5-4

	租金回报率	甲级写字楼租金承受力	租金承受力（R）
北京	1.09	1.38	1.23
上海	0.87	1.51	1.19
广州	1.06	1.23	1.14
深圳	0.82	1.28	1.05
天津	1.17	0.69	0.93
成都	1.42	0.62	1.02
杭州	0.67	0.77	0.72
南京	0.96	0.68	0.82
武汉	0.84	0.80	0.82
重庆	1.10	1.04	1.07

数据来源：中原写字楼监测系统、中原集团研究中心。

图5-4　十大城市租金承受力指标综合计算结果图

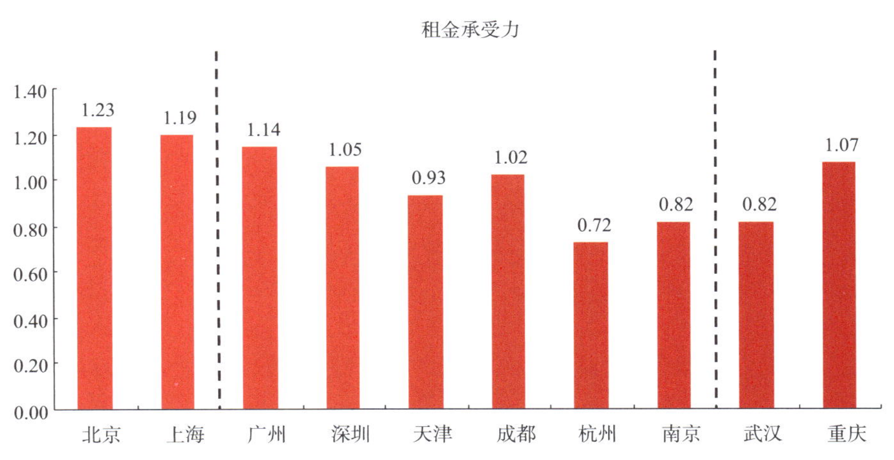

数据来源：中原写字楼监测系统、中原集团研究中心。

通过计算，我们发现，北京、上海的写字楼租金的承受能力最强，原因是其高端产业最为发达，对甲级写字楼的支撑最为明显。而南京、武汉、杭州的写字楼承受能力偏弱，原因是这三个城市的租金回报率及甲级写字楼的租金承受力都较低。广州、深圳、天津、成都、重庆的租金承受能力比较适中。

◆ 未来承受力（F）

十大城市未来承受力指标计算结果　　表5-5

	短期承受力	中期承受力	未来承受力（F）
北京	0.39	0.72	0.56
上海	0.65	0.68	0.66
广州	1.15	0.84	1.00
深圳	2.41	1.80	2.11
天津	0.92	1.01	0.96
成都	2.71	1.40	2.06
杭州	1.19	0.58	0.89
南京	0.79	0.99	0.89
武汉	1.59	1.57	1.58
重庆	2.23	3.01	2.62

数据来源：中原写字楼监测系统、中原集团研究中心。

图5-5　十大城市未来承受力指标综合计算结果图

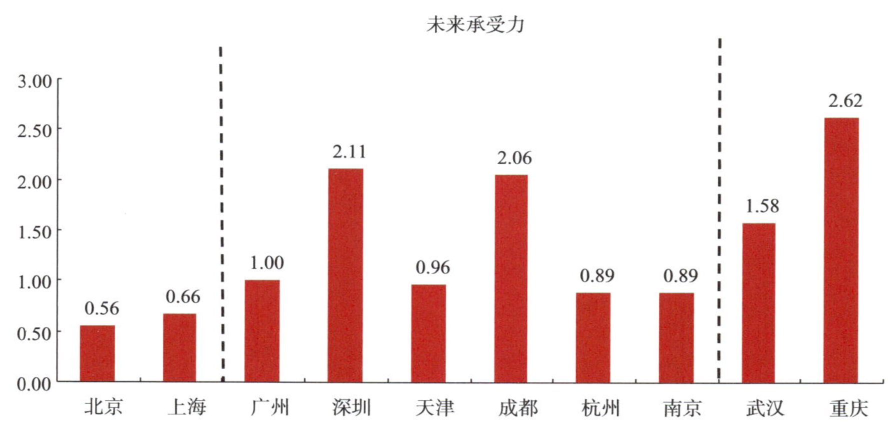

数据来源：中原写字楼监测系统、中原集团研究中心。

通过计算，我们发现，深圳、成都、武汉、重庆无论是短期还是中期的写字楼供应水平都不是很大，未来供应压力较小。而北京、上海无论是短期还是中期的写字楼供应量都很大，未来存在供大于求的可能。南京短期的写字楼供应量较大，而杭州中期的写字楼供应量较大，因此两城市未来供应方面也存在一定压力。

5.3.2 发展潜力综合排名

十大城市写字楼市场发展潜力综合排名表　　表 5-6

	经济承受力	市场承受力	租金承受力	未来承受力	综合
北京	0.49	0.78	1.23	0.56	0.77
上海	0.96	0.92	1.19	0.66	0.93
广州	1.19	1.09	1.14	1.00	1.11
深圳	2.38	1.49	1.05	2.11	1.76
天津	0.92	1.19	0.93	0.96	1.00
成都	1.30	1.83	1.02	2.06	1.55
杭州	0.73	0.92	0.72	0.89	0.82
南京	0.71	0.65	0.82	0.89	0.77
武汉	0.84	1.19	0.82	1.58	1.11
重庆	0.47	1.30	1.07	2.62	1.37

数据来源：中原写字楼监测系统、中原集团研究中心。

图 5-6　十大城市承受力指标综合计算结果图

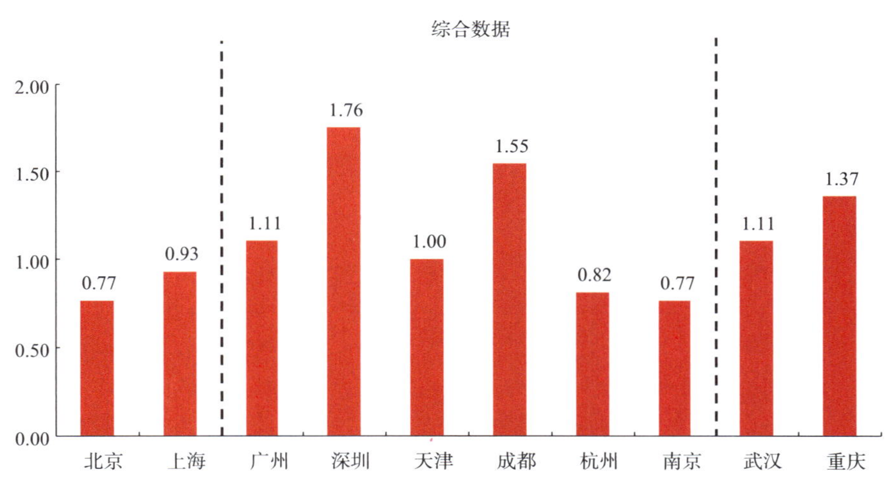

数据来源：中原写字楼监测系统、中原集团研究中心。

综合来看，深圳、成都、重庆的写字楼市场发展潜力明显高于其他城市，而北京、杭州、南京写字楼市场的发展潜力则明显低于平均水平。

分城市类型来看，一线城市发展潜力普遍均低于平均水平，而其中上海的发展潜力好于北京；二线城市分化明显，其中深圳、成都的发展潜力明显优于同类其他城市，具有较高的发展机会，而广州、天津处于平均水平上下，杭州、南京的发展潜力明显落后于同类其他城市；三线城市的发展潜力普遍较好，其中重庆的发展潜力优于武汉。

5.4 十大城市写字楼市场发展潜力点评

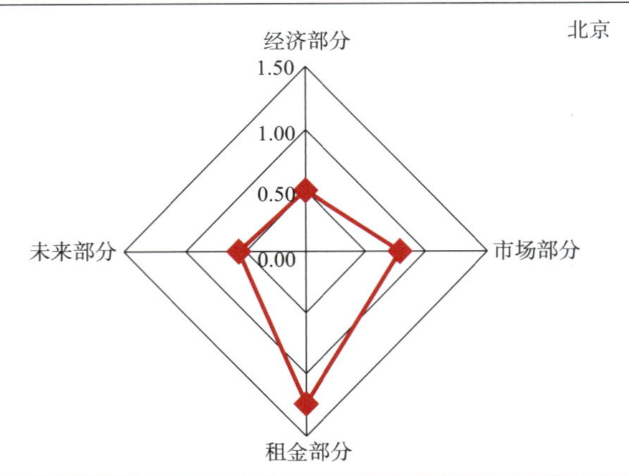

点评：作为中国两大核心城市之一的北京，由于近年来写字楼的供应量偏大，因此无论是经济对写字楼的支撑能力还是市场本身方面的表现都较差，同时未来北京写字楼的供量应依然较大，因此总体来看，在北京继续发展写字楼的潜力较小。北京写字楼的过量供应有一个重要原因是北京拥有大量的国企，这些企业纷纷在北京自建总部写字楼，而这些写字楼的利用率又极低。然而，北京高端产业对甲级写字楼的支撑能力仍然较强，租金回报率也略高于平均水平，这是北京写字楼市场的惟一亮点。

点评：上海作为中国的经济中心，在写字楼的经济承受力及市场表现方面均处于平均水平，在甲级写字楼的租金承受力方面，表现最为优异。中短期上海写字楼新增供应过大成为制约上海写字楼发展潜力的重要问题，以陆家嘴区域为例，2009～2011年该区域竣工或即将竣工的写字楼有10座，提供的总办公面积约为90万m^2，而1998～2009年这12年间上海写字楼的总竣工面积仅1285万m^2。

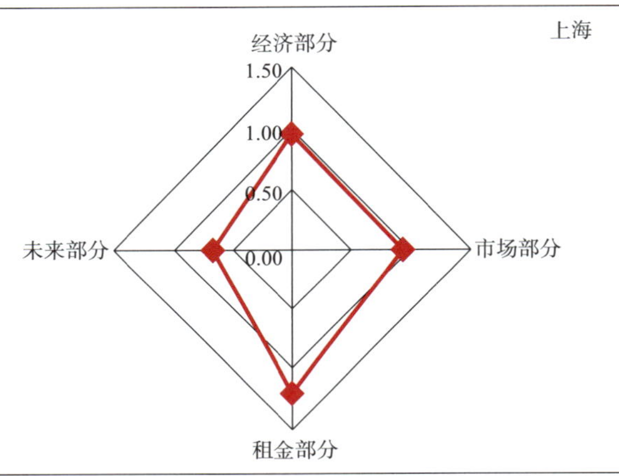

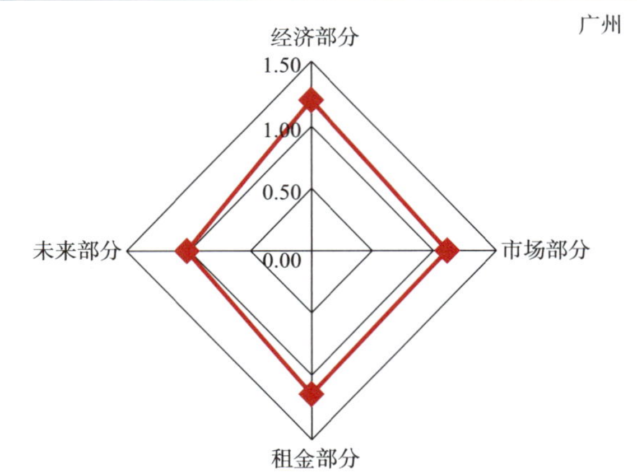

点评：广州写字楼市场的四个方面发展都相对均衡，各方面均略好于平均水平。广州写字楼市场的这一特征与其住宅市场及其类似，均呈现一种平稳发展的趋势，不会出现大起大落，在亚运会的助推下，广州写字楼需求能力较强。惟一存在的问题是中期内广州写字楼的供应量将过多，未来一段时间内将有大量的写字楼新增供应，这将是广州写字楼市场的最大考验。近两年内，包括万菱汇、高德置地广场三期、佳兆业中心、利通广场、西塔等甲级写字楼进入市场，供应总量50万m^2左右，其中珠江新城将占据总量的75%。

点评：深圳写字楼市场是十大城市中表现最好的市场。深圳写字楼市场优异表现的主要原因是其写字楼供应的紧缺，这点与其住宅市场的供应紧缺是一致的。无论是之前的存量水平，还是中短期的写字楼供应，与其城市的经济发展水平和第三产业从业人员的数量相比，是明显偏少的。在这种情况下，深圳的写字楼入住率在十大城市中是最高的。由于深圳房地产市场容量较小，因此容易造成炒作的现象，目前来看，由于写字楼价格偏高，造成其租金回报率不高，但是随着租金的上涨，该现象将逐步缓解。

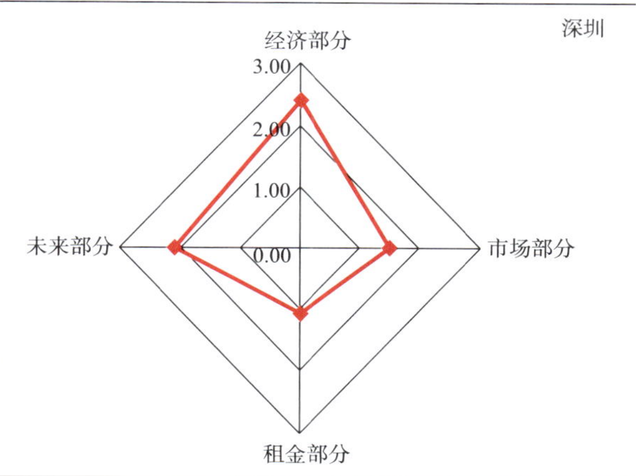

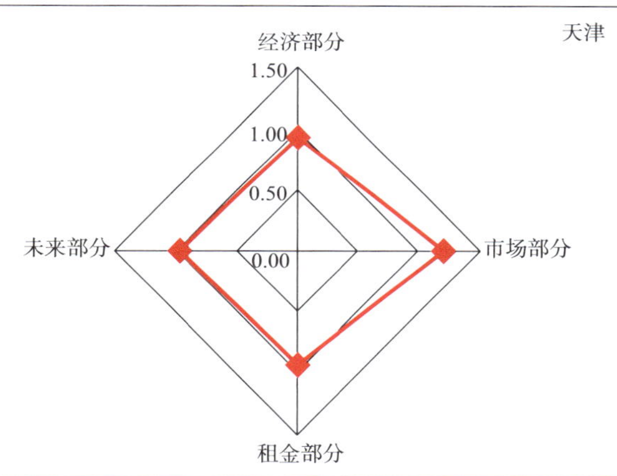

点评：天津写字楼市场的发展也十分均衡，基本为十大城市写字楼市场的平均水平。天津第三产业对写字楼市场的支撑能力尚可，写字楼入住率与市场水平接近；但高端产业发展水平尚显不足，因此甲级写字楼租金的支撑能力也不足。从短期和中期来看，天津的写字楼供应量也不大，但随着天津滨海新区的进一步发展，对写字楼的支撑能力将进一步增加，而目前天津的人均写字楼面积依然较低，因此未来天津写字楼市场将平稳发展。

点评：成都写字楼市场是另一个写字楼极具潜力的市场。由于其写字楼的历史存量较小，同时未来供应量也不大，因此经济对其的支撑能力很强，同时目前以及中短期内的人均写字楼面积也偏低，因此未来成都写字楼发展的潜力较大。另外，成都目前写字楼的投资回报率较高，而写字楼买卖税费相对容易规避，因此对于个人投资者而言，也十分具有投资性。成都写字楼市场存在的惟一问题是甲级写字楼的租金承受能力较差，与广州相比，成都甲级写字楼的租金水平已十分接近，但是成都在房地产业和金融业方面与广州的差距仍然较大，但是作为西部的核心城市之一，未来成都高端产业发展仍有较大空间，从而弥补目前租金偏高的现状。

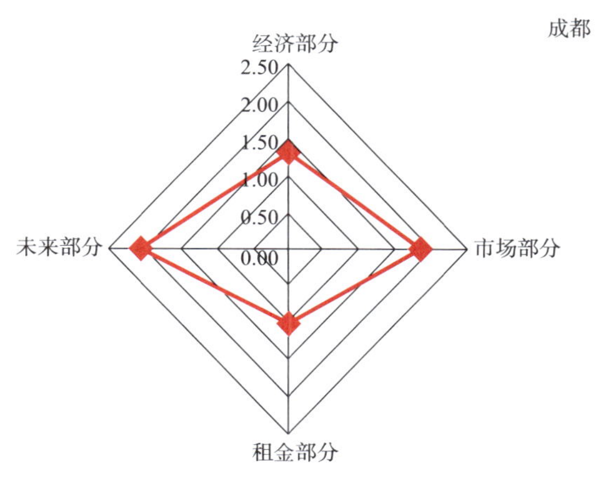

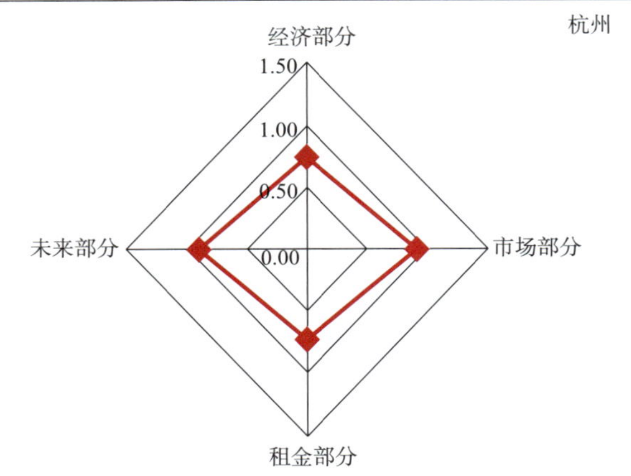

点评：杭州写字楼市场在十大城市中潜力偏低，在各个方面的分数均低于十大城市的平均水平。供应远远大于需求是杭州写字楼市场存在的最大问题，杭州的经济发展无法支撑如此大规模的写字楼存量，因此杭州甲级写字楼的空置率高达27.6%，仅次于南京的空置水平。未来杭州以钱江新城区域为代表的商务区仍将有大量的写字楼进入市场，这将进一步拉升杭州的写字楼空置水平。由于过量的供应，杭州写字楼的租金回报率也偏低，而写字楼业主的惜售心理较强，买卖双方较难达成一致，因此杭州写字楼买卖市场并不活跃。

点评：南京写字楼市场存在的问题也是写字楼存量过大的问题，特别最近三年的写字楼大量进入市场，造成了南京写字楼的空置率快速攀升，在十大城市中排名第一，达到35%。未来一段时间内，南京写字楼市场的主要功能之一便是消化如此大量的写字楼存量，惟一值得庆幸的是，南京写字楼市场的供应高峰已经过去，未来每年的新增供应量将逐步递减，但是由于其存量过大，未来南京写字楼市场的投资潜力偏低。

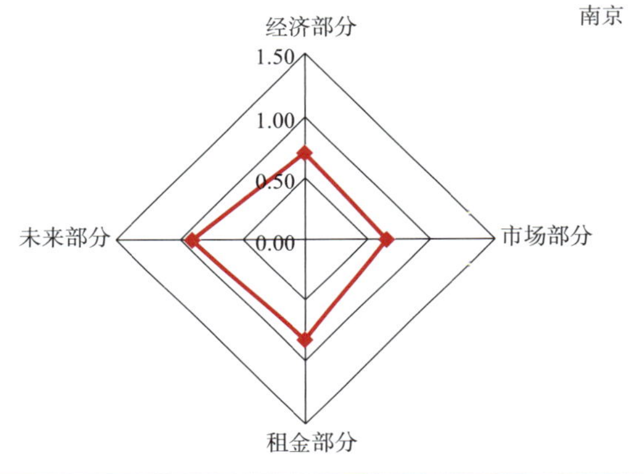

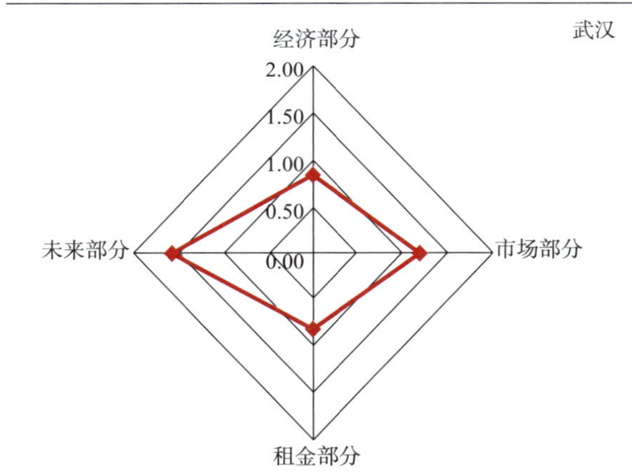

点评：武汉写字楼的整体潜力略好于十大城市的平均水平，但是其发展并不均衡。优势方面，写字楼市场的目前表现和未来的供应情况都远远好于市场的平均水平；劣势方面，武汉的高端产业的发展水平较低，因此其高端产业支撑力及甲级写字楼租金承受能力较差，因此其甲级写字楼的租金水平在十大城市中垫底，同时写字楼市场的租金回报率偏低。武汉城市的首位度过高，对外开放程度较低，不利于武汉经济的进一步发展，也不利用大量内外资企业在武汉投资，这是武汉未来继续发展急需解决的问题。

续

点评：重庆写字楼市场也是十分具有发展潜力的城市之一。重庆的写字楼入住率较高，同时人均写字楼面积不高，租金回报率也较高，整体市场表现优异；同时中短期内重庆的写字楼供应水平在十大城市是最少的，这进一步增加了重庆的投资潜力。从不利方面来说，重庆的第三产业和高端产业的发展水平不高，工业仍是重庆的主要收入来源，因此重庆写字楼市场的整体水平不高，其甲级写字楼租金水平在十大城市中底数第二。中国的第三个副省级新区“两江新区”的获批，将加快重庆的经济发展，从而增加重庆对写字楼的需求。	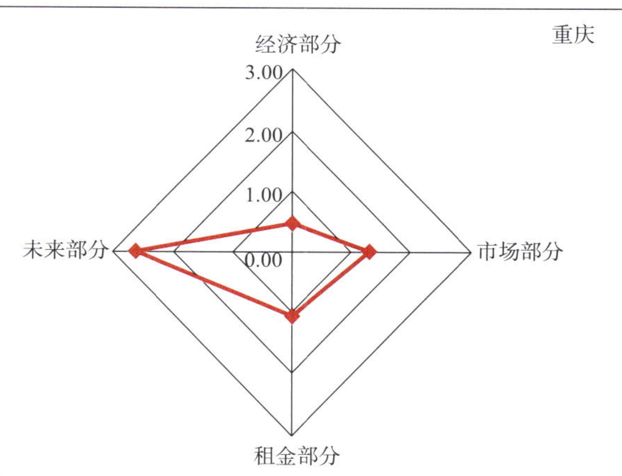

第6章　数据概览

6.1 政策路线Policies Line

图6-1　2009～2010年上半年中国房地产调控政策路线图

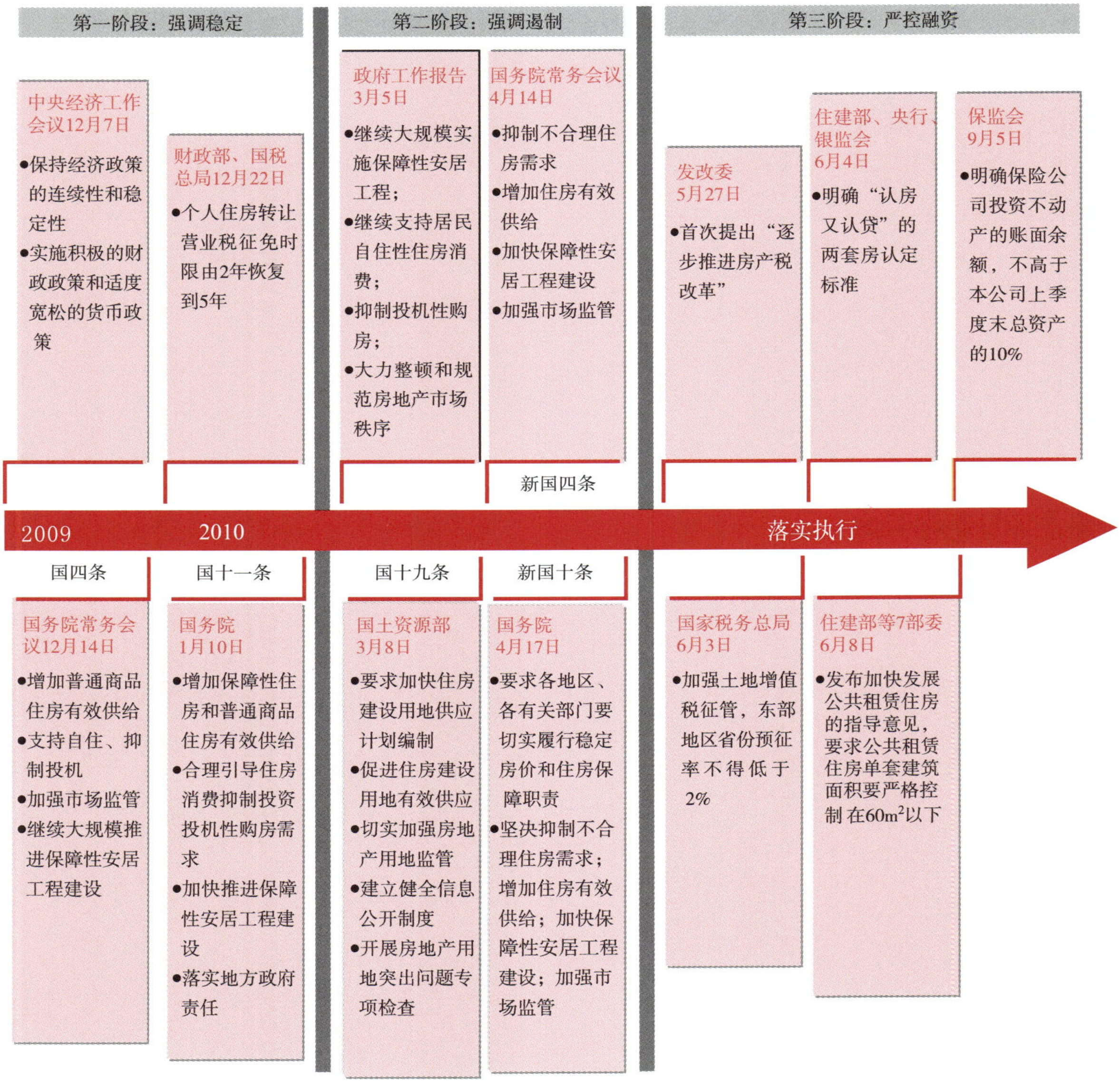

第一阶段：强调稳定

中央经济工作会议12月7日
- 保持经济政策的连续性和稳定性
- 实施积极的财政政策和适度宽松的货币政策

财政部、国税总局12月22日
- 个人住房转让营业税征免时限由2年恢复到5年

国四条

国务院常务会议12月14日
- 增加普通商品住房有效供给
- 支持自住、抑制投机
- 加强市场监管
- 继续大规模推进保障性安居工程建设

国十一条

国务院
1月10日
- 增加保障性住房和普通商品住房有效供给
- 合理引导住房消费抑制投资投机性购房需求
- 加快推进保障性安居工程建设
- 落实地方政府责任

第二阶段：强调遏制

政府工作报告
3月5日
- 继续大规模实施保障性安居工程；
- 继续支持居民自住性住房消费；
- 抑制投机性购房；
- 大力整顿和规范房地产市场秩序

国务院常务会议
4月14日
- 抑制不合理住房需求
- 增加住房有效供给
- 加快保障性安居工程建设
- 加强市场监管

新国四条

国十九条

国土资源部
3月8日
- 要求加快住房建设用地供应计划编制
- 促进住房建设用地有效供应
- 切实加强房地产用地监管
- 建立健全信息公开制度
- 开展房地产用地突出问题专项检查

新国十条

国务院
4月17日
- 要求各地区、各有关部门要切实履行稳定房价和住房保障职责
- 坚决抑制不合理住房需求；增加住房有效供给；加快保障性安居工程建设；加强市场监管

第三阶段：严控融资

发改委
5月27日
- 首次提出“逐步推进房产税改革”

住建部、央行、银监会
6月4日
- 明确“认房又认贷”的两套房认定标准

保监会
9月5日
- 明确保险公司投资不动产的账面余额，不高于本公司上季度末总资产的10%

国家税务总局
6月3日
- 加强土地增值税征管，东部地区省份预征率不得低于2%

住建部等7部委
6月8日
- 发布加快发展公共租赁住房的指导意见，要求公共租赁住房单套建筑面积要严格控制在60m²以下

2009　2010　落实执行

Figure 6–1 Real estate policies line map in 2009 to 2010H1

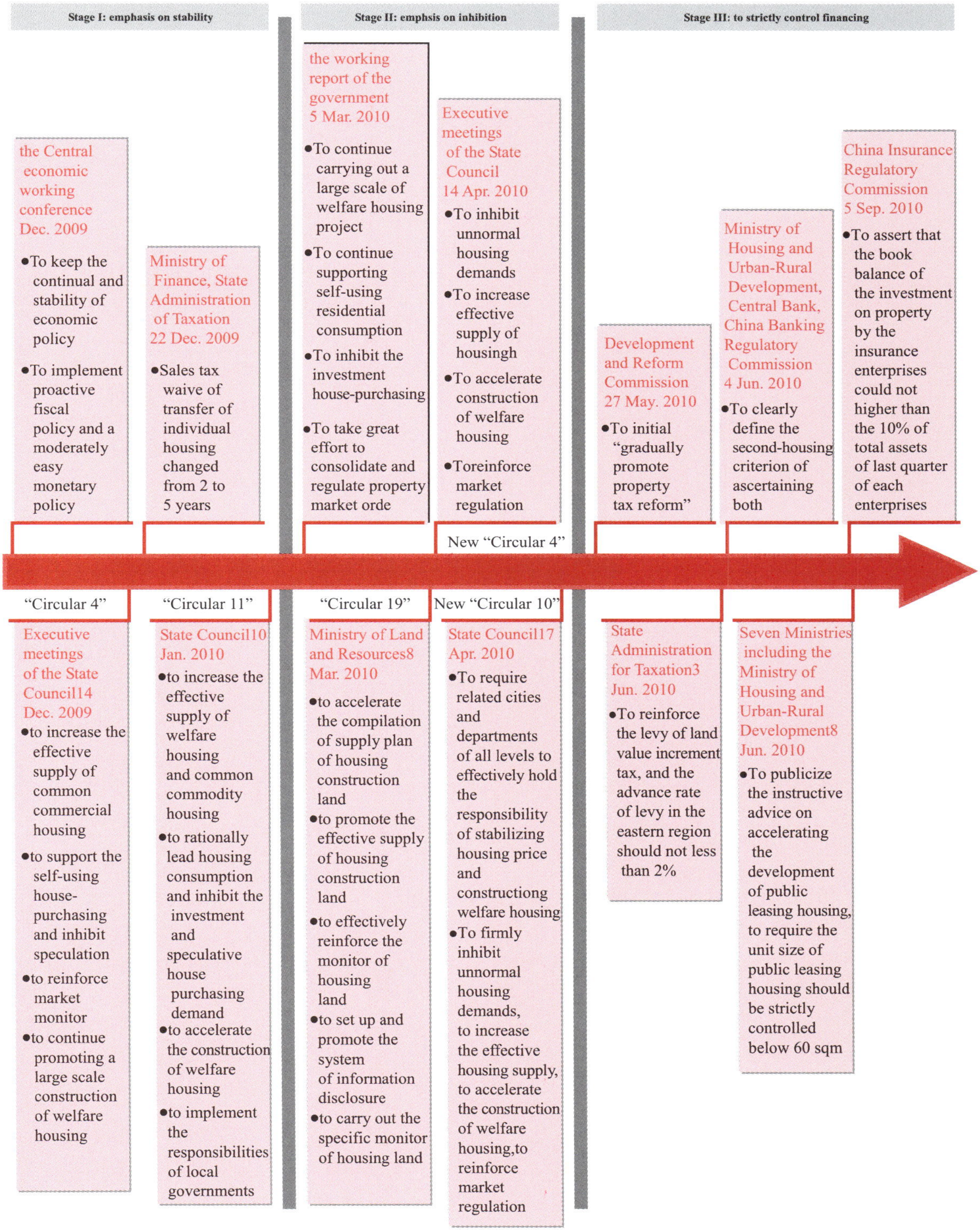

Stage I: emphasis on stability

the Central economic working conference Dec. 2009
- To keep the continual and stability of economic policy
- To implement proactive fiscal policy and a moderately easy monetary policy

"Circular 4"

Executive meetings of the State Council14 Dec. 2009
- to increase the effective supply of common commercial housing
- to support the self-using house-purchasing and inhibit speculation
- to reinforce market monitor
- to continue promoting a large scale construction of welfare housing

Ministry of Finance, State Administration of Taxation 22 Dec. 2009
- Sales tax waive of transfer of individual housing changed from 2 to 5 years

"Circular 11"

State Council10 Jan. 2010
- to increase the effective supply of welfare housing and common commodity housing
- to rationally lead housing consumption and inhibit the investment and speculative house purchasing demand
- to accelerate the construction of welfare housing
- to implement the responsibilities of local governments

Stage II: emphsis on inhibition

the working report of the government 5 Mar. 2010
- To continue carrying out a large scale of welfare housing project
- To continue supporting self-using residential consumption
- To inhibit the investment house-purchasing
- To take great effort to consolidate and regulate property market orde

"Circular 19"

Ministry of Land and Resources8 Mar. 2010
- to accelerate the compilation of supply plan of housing construction land
- to promote the effective supply of housing construction land
- to effectively reinforce the monitor of housing land
- to set up and promote the system of information disclosure
- to carry out the specific monitor of housing land

Executive meetings of the State Council 14 Apr. 2010
- To inhibit unnormal housing demands
- To increase effective supply of housingh
- To accelerate construction of welfare housing
- Toreinforce market regulation

New "Circular 4"

New "Circular 10"

State Council17 Apr. 2010
- To require related cities and departments of all levels to effectively hold the responsibility of stabilizing housing price and constructiong welfare housing
- To firmly inhibit unnormal housing demands, to increase the effective housing supply, to accelerate the construction of welfare housing,to reinforce market regulation

Stage III: to strictly control financing

Development and Reform Commission 27 May. 2010
- To initial "gradually promote property tax reform"

State Administration for Taxation3 Jun. 2010
- To reinforce the levy of land value increment tax, and the advance rate of levy in the eastern region should not less than 2%

Ministry of Housing and Urban-Rural Development, Central Bank, China Banking Regulatory Commission 4 Jun. 2010
- To clearly define the second-housing criterion of ascertaining both

Seven Ministries including the Ministry of Housing and Urban-Rural Development8 Jun. 2010
- To publicize the instructive advice on accelerating the development of public leasing housing, to require the unit size of public leasing housing should be strictly controlled below 60 sqm

China Insurance Regulatory Commission 5 Sep. 2010
- To assert that the book balance of the investment on property by the insurance enterprises could not higher than the 10% of total assets of last quarter of each enterprises

6.2 标杆房企Benchmarking Developers

标杆房企综合排名（2009年～2010年8月）
List of the Benchmarking Developers

表6-1
Table 6-1

序号No.	发展商 Developers	2009年	序号No.	发展商 Developers	2010年1～8月 Jan- Aug. 2010
销售金额（亿元） Sales Value（100 Million）					
1	万科Vanke	634	1	万科Vanke	572
2	中海COLI	470	2	中海COLI	327
3	保利Poly	434	3	保利Poly	323
4	雅居乐Agile	279	4	绿城Greentown	246
5	华润CR land	251	5	富力R&F	192
6	富力R&F	242	6	雅居乐Agile	127
7	金地Gemdale	211	7	华润CR land	116
8	绿城Greentown	156	8	金地Gemdale	77
9	复地Forte	85	9	复地Forte	60
10	招商 CMPD	85	10	招商 CMPD	26
销售面积（万m^2） Sales Volume（10,000 sqm）					
序号No.	发展商 Developers	2009年	序号No.	发展商 Developers	2010年1～8月 Jan- Aug. 2010
1	万科Vanke	664	1	万科Vanke	487
2	保利Poly	527	2	保利Poly	395
3	中海 COLI	476	3	中海COLI	286
4	雅居乐Agile	226	4	富力R&F	153
5	华润CR land	215	5	绿城Greentown	139
6	金地Gemdale	197	6	雅居乐Agile	139
7	富力R&F	173	7	华润CR land	100
8	绿城Greentown	160	8	金地Gemdale	74
9	复地Forte	87	9	复地Forte	54
10	招商CMPD	62	10	招商CMPD	25
购地金额（亿元） Land Purchase Value（100 Million）					
序号No.	发展商 Developers	2009年	序号No.	发展商 Developers	2010年1～8月 Jan- Aug. 2010
1	保利Poly	441	1	万科Vanke	396
2	绿城Greentown	353	2	保利Poly	266
3	中海COLI	301	3	中海COLI	160
4	万科Vanke	292	4	绿城Greentown	146

续表

购地金额（亿元） Land Purchase Value（100 Million）					
序号No.	发展商 Developers	2009年	序号No.	发展商 Developers	2010年1~8月 Jan- Aug. 2010
5	金地Gemdale	196	5	富力R&F	71
6	华润CR land	138	6	华润CR land	63
7	雅居乐Agile	103	7	复地Forte	43
8	招商CMPD	84	8	金地Gemdale	32
9	复地Forte	36	9	招商CMPD	19
10	富力R&F	35	10	雅居乐Agile	10

购地可建面积（万m^2） GFA of Newly Purchased Land（10,000 sqm）					
序号No.	发展商 Developers	2009年	序号No.	发展商 Developers	2010年1~8月 Jan- Aug. 2010
1	保利Poly	1348	1	万科Vanke	1955
2	中海COLI	1220	2	保利Poly	776
3	万科Vanke	1193	3	中海COLI	391
4	绿城Greentown	591	4	绿城Greentown	377
5	富力R&F	588	5	富力R&F	301
6	金地Gemdale	526	6	华润CR land	165
7	雅居乐Agile	410	7	金地Gemdale	68
8	华润CR land	306	8	复地Forte	63
9	招商CMPD	187	9	招商CMPD	42
10	复地Forte	99	10	雅居乐Agile	23

土地储备可建面积（万m^2） GFA of Land banking（10,000 sqm）					
序号No.	发展商 Developers	2009年	序号No.	发展商 Developers	2010年1~8月 Jan- Aug. 2010
1	万科Vanke	5432	1	万科Vanke	6900
2	保利Poly	4507	2	保利Poly	4888
3	雅居乐Agile	3215	3	雅居乐Agile	3307
4	绿城Greentown	3083	4	中海COLI	3174
5	中海COLI	3055	5	绿城Greentown	3099
6	富力R&F	2399	6	富力R&F	2547
7	华润CR land	2219	7	华润CR land	2284
8	招商CMPD	1173	8	招商CMPD	1185
9	金地Gemdale	1142	9	金地Gemdale	1141
10	复地Forte	1088	10	复地Forte	1097

数据来源：中原集团研究中心。
Source：Centaline Group Research Centre.

6.3 土地市场 Land Market

十二城市总价地王（2009年~2010年9月） 表6-2
List of Top Transacted Land in Terms of Land Value in 12 Cities (2009-Sep.2010) Table 6-2

城市 City	2009年				2010年1~9月 Jan.-Sep.2010			
	公告号 Block Name	区域 District	土地用途 Use	总价（亿元）Total Value（RMB100mn）	公告号 Block Name	区域 District	土地用途 Use	总价（亿元）Total Value（RMB100mn）
北京 Beijing	京土整储拍（顺）[2009]112 Beijing(Shunyi) [2009]112	顺义 Shunyi	居住 Residential	50.5	京土整储挂（丰）[2009]135 Beijing(Fengtai)[2009]135	丰台 Fengtai	居住 Residential	59.7
上海 Shanghai	200906401	徐汇 Xuhui	居住 Residential	72.5	200910201	黄浦 Huangpu	商办 Residential	92.2
广州 Guangzhou	番禺亚运城Panyu Asian Games City	番禺 Panyu	居住 Residential	243.4	番禺中心城南地块4-2 Panyu 4 - 2	番禺 Panyu	居住 Residential	23.8
深圳 Shenzhen	A909-0137	宝安 Bao'an	居住 Residential	14.1	T204-0113	南山 Nanshan	商办 Commercial	7.2
天津 Tianjin	津南（挂）2009-11 Tianjin(Jinnan) 2009-11	津南 Jinnan	居住 Residential	36.0	津南（挂）2010-11 Tianjin (Jinnan) 2010-11	津南 Jinnan	居住 Residential	70.5
重庆 Chongqing	09146	南岸 Nan'an	居住 Residential	50.0	10041	江北 Jiangbei	居住 Residential	24.2
成都 Chengdu	JJ62(252/211): 2009-078	锦江 Jinjiang	居住 Residential	19.6	SLG-(2010)-025	双流 Shuangliu	商办 Commercial	28.0
武汉 Wuhan	P（2009）113	东西湖 Dongxihu	居住 Residential	43.0	P（2010）088	东西湖 Dongxihu	居住 Residential	76.0
沈阳 Shenyang	2009-032	皇姑 Huanggu	居住 Residential	34.8	2010-010	皇姑 Huanggu	居住 Residential	11.8
长春 Changchun	53-56-8	经开 Jingkai	居住 Residential	14.6	55-11-14	净月 Jingyue	居住 Residential	7.0
南京 Nanjing	NO.2009G46	建邺 Jianye	居住 Residential	22.2	NO.2010G32	下关 Xiaguan	居住 Residential	200.3
杭州 Hangzhou	杭政储出[2009]52 Hangzhou (Xiacheng) [2009]52	下城 Xiacheng	居住 Residential	29.1	杭政储出[2010]9Hangzhou (Gongshu)[2010]9	拱墅 Gongshu	居住 Residential	26.9

数据来源：中原集团研究中心。
Source：Centaline Group Research Centre.

表6-3

Table 6-3

十二城市单价地王（2009年～2010年9月）

List of Top Transacted Land in Terms of Floor Price in 12 Cities (2009-Sep.2010)

	2009年				2010年1～9月Jan.-Sep.2010			
城市 City	公告号 Block Name	区域 District	土地用途 Use	楼面地价（元/m²）Floor Price（RMB/Sqm）	公告号 Block Name	区域 District	土地用途 Use	楼面地价（元/m²）Floor Price（RMB/Sqm）
北京 Beijing	京土整储拍（顺）[2009]112 Beijing(Shunyi) [2009]112	顺义 Shunyi	居住 Residential	29864	京土整储挂（朝）[2010]011 Beijing(Chaoyang) [2010]011	朝阳 Chaoyang	居住 Residential	24066
上海 Shanghai	200906002	浦东 Pudong	商办 Commercial	36481	201000201	闸北 Zhabei	居住 Residential	52782
广州 Guangzhou	天河珠江新城D8-C3地块 Tianhe Zhujiang D8-C3	天河 Tianhe	居住 Residential	15307	穗国房挂出告字[2010]3号 Guangzhou[2010]3	天河 Tianhe	居住 Residential	8124
深圳 Shenzhen	A122-0332	宝安 Bao'an	居住 Residential	18861	G17301-1576	龙岗 Longgang	商办 Commercial	31177
天津 Tianjin	津南水（挂）2009-099 Tianjin(Jinnan) 2009-099	南开 Nankai	商办 Commercial	13544	津和滨（挂）2010-060 Tianjin(Heping) 2010-060	和平 Heping	商办 Commercial	76720
重庆 Chongqing	09146	南岸 Nan'an	居住 Residential	14863	10020	江北 Jiangbei	居住 Residential	18554
成都 Chengdu	JN29(252/211): 2009-068	金牛 Jinnu	居住 Residential	8700	SLG-(2010)-028	双流 Shuangliu	商办 Commercial	11007
武汉 Wuhan	P（2009）057	江岸 Jiang'an	商办 Commercial	11104	P（2010）091	武昌 Wuchang	商办 Commercial	5214
沈阳 Shenyang	2009-002	和平 Heping	商办 Commercial	3996	2010-015	皇姑 Huanggu	居住 Residential	5259
长春 Changchun	53-56-8	经开 Jingkai	居住 Residential	3483	17-7-105、106	朝阳 Chaoyang	商办 Commercial	9304
南京 Nanjing	NO.2009G67	栖霞 Qixia	居住 Residential	10780	NO.2010G26	玄武 Xuanwu	商办 Commercial	22682
杭州 Hangzhou	杭政储出[2009]4 Hangzhou (Shangcheng) [2009]4	上城 Shangcheng	商办 Commercial	46284	杭政储出[2010]17 Hangzhou (Xiacheng) [2010]17	下城 Xiacheng	居住 Residential	24753

数据来源：中原集团研究中心。

Source：Centaline Group Research Centre.

图6-2　十二城市总价地王（2009年～2010年9月）

Figure 6-2　Top Transacted Land in Terms of Land Value in 12 Cities (2009-Sep.2010)

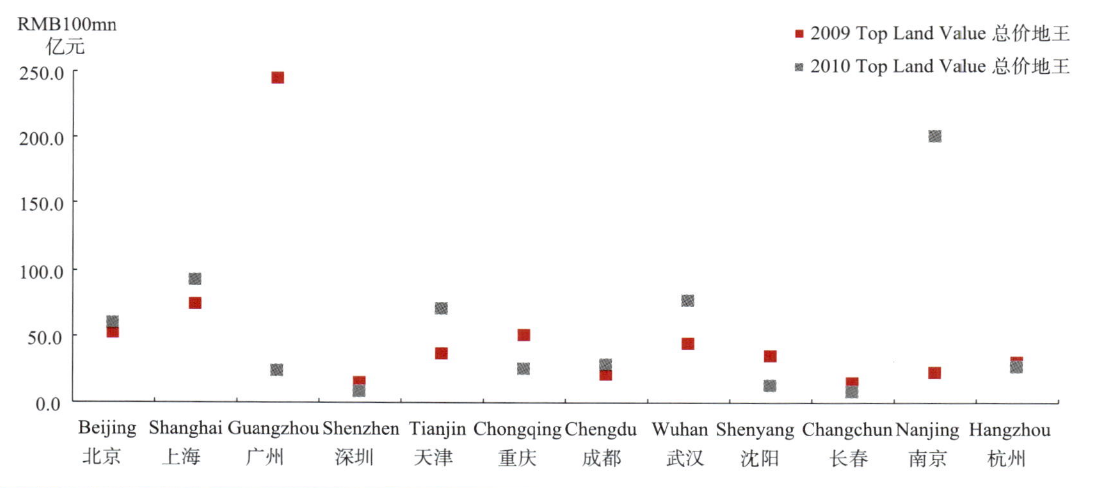

数据来源：中原集团研究中心。
Source：Centaline Group Research Centre.

图6-3　十二城市单价地王（2009年～2010年9月）

Figure 6-3　Top Transacted Land in Terms of Floor Price in 12 Cities (2009-Sep.2010)

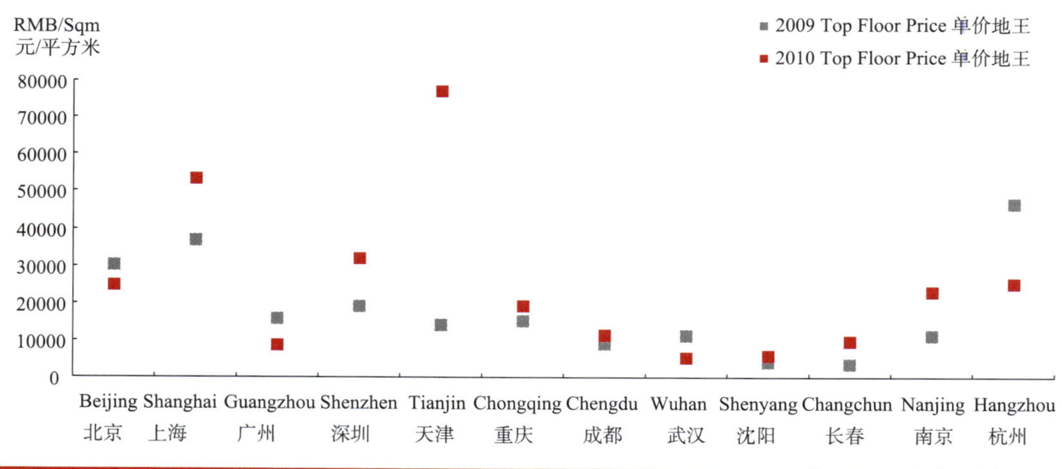

数据来源：中原集团研究中心。
Source：Centaline Group Research Centre.

图6-4　十二城市土地供应量（2008年1月～2010年9月）

Figure 6-4　Supply of Transacted Land in 12 Cities (Jan 2008–Sep.2010)

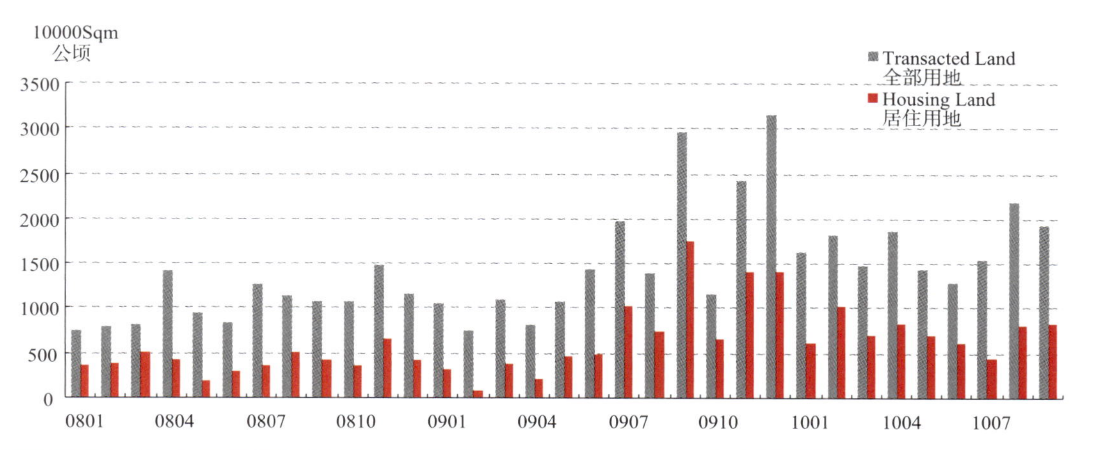

数据来源：中原集团研究中心。

Source：Centaline Group Research Centre.

图6-5　十二城市土地成交量（2008年1月～2010年9月）

Figure6-5　Transaction Volume of Transacted Land in 12 Cities (Jan 2008–Sep.2010)

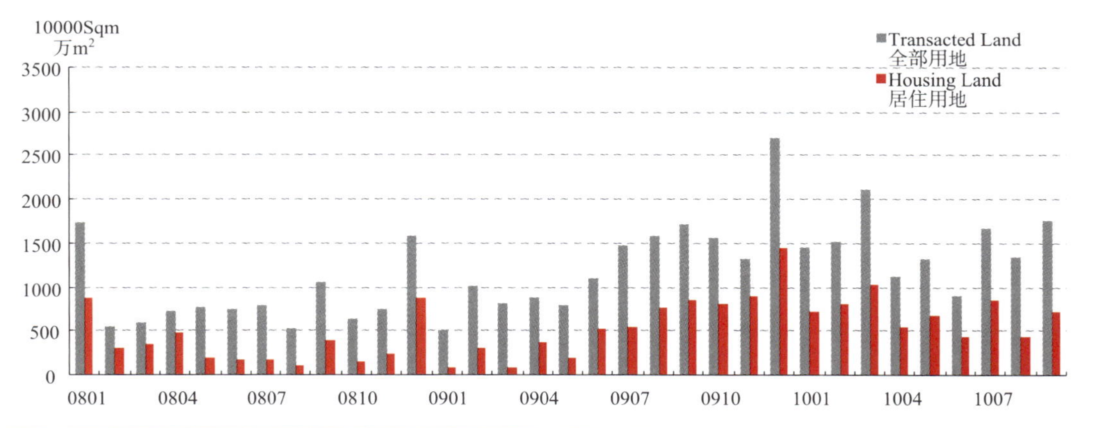

数据来源：中原集团研究中心。

Source：Centaline Group Research Centre.

图6-6　十二城市居住用地楼面地价及溢价情况（2009年1月～2010年9月）

Figure 6-6　Floor Price and Premium rate of Transacted Housing Land in 12 Cities (Jan 2009–Sep.2010)

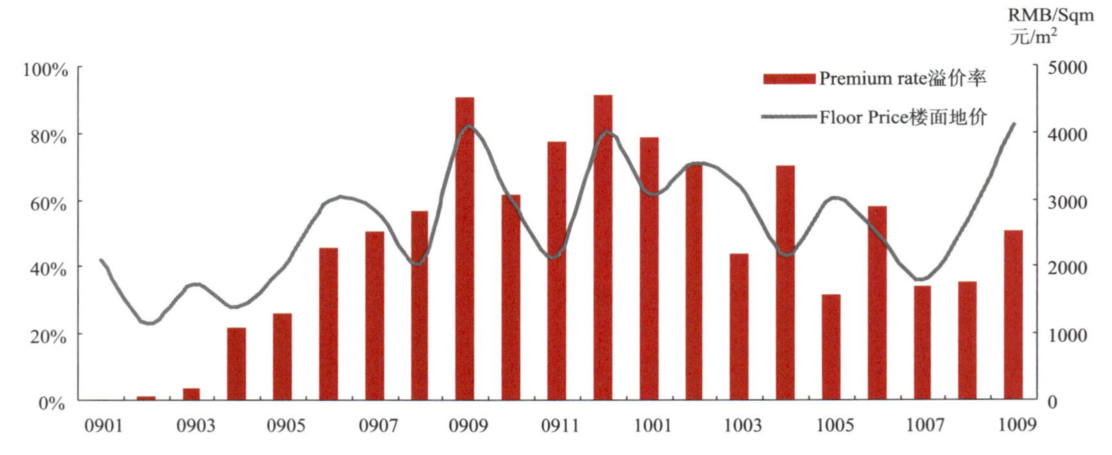

数据来源：中原集团研究中心。
Source：Centaline Group Research Centre.

6.4 新房市场Primary Housing Market

图6-7　重点城市一手住宅成交量价走势图（2006年1月～2010年8月）

Figure 6-7　Sales Volume and ASP of Primary Housing in Eight Major Cities (Jan 2006 to August 2010)

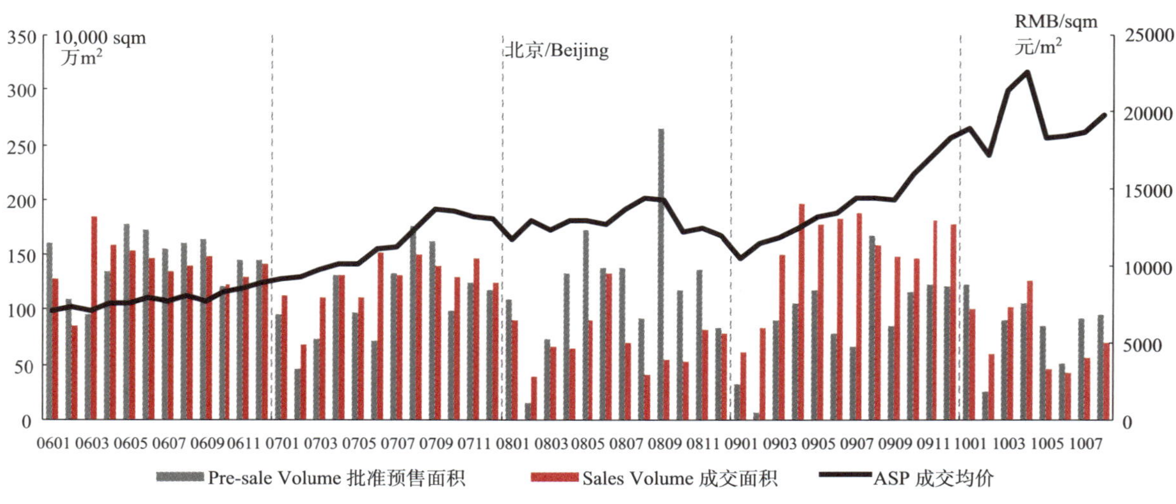

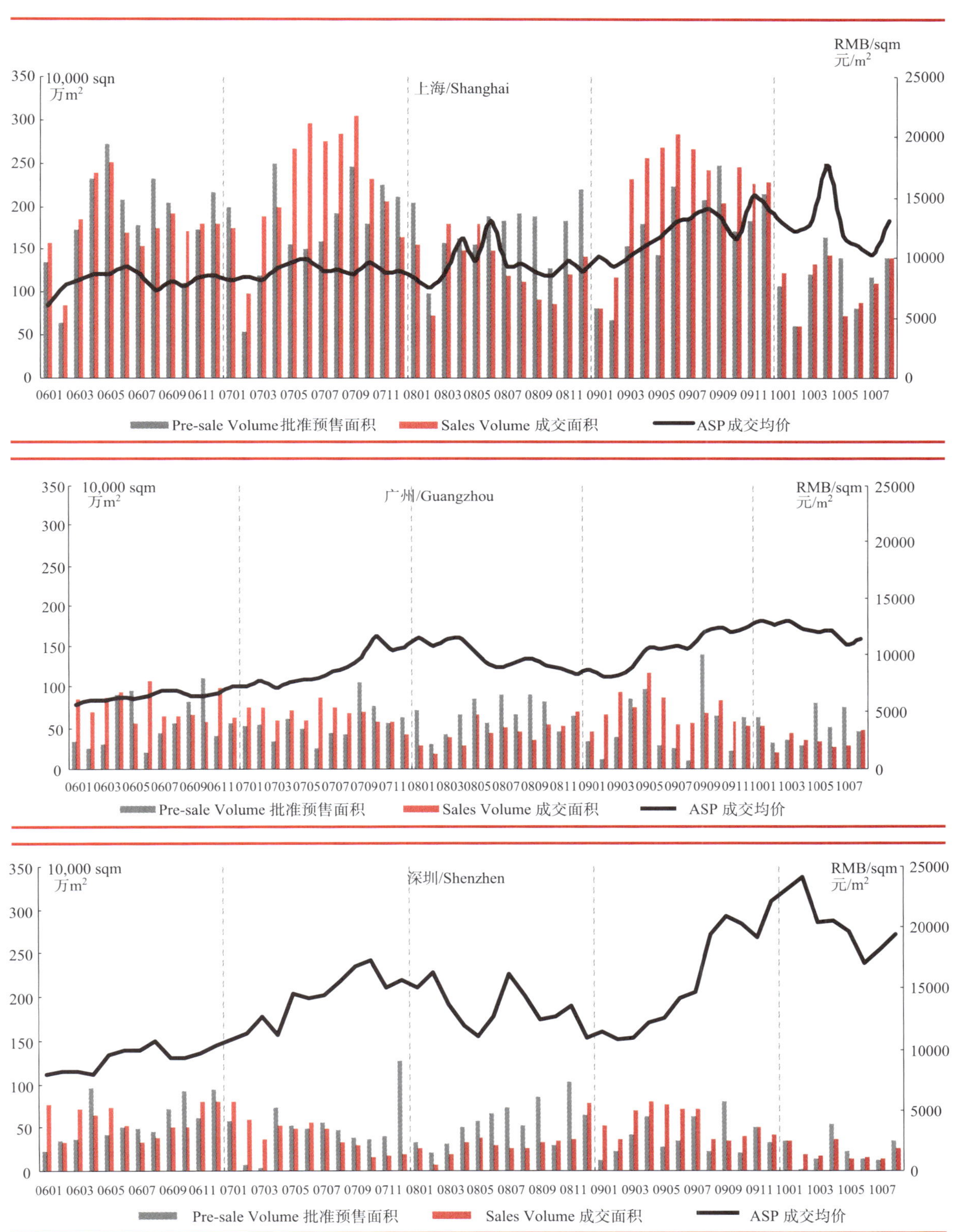

上海/Shanghai
10,000 sqn
万m²
RMB/sqm
元/m²
Pre-sale Volume 批准预售面积
Sales Volume 成交面积
ASP 成交均价
广州/Guangzhou
10,000 sqm
万m²
RMB/sqm
元/m²
Pre-sale Volume 批准预售面积
Sales Volume 成交面积
ASP 成交均价
深圳/Shenzhen
10,000 sqm
万m²
RMB/sqm
元/m²
Pre-sale Volume 批准预售面积
Sales Volume 成交面积
ASP 成交均价

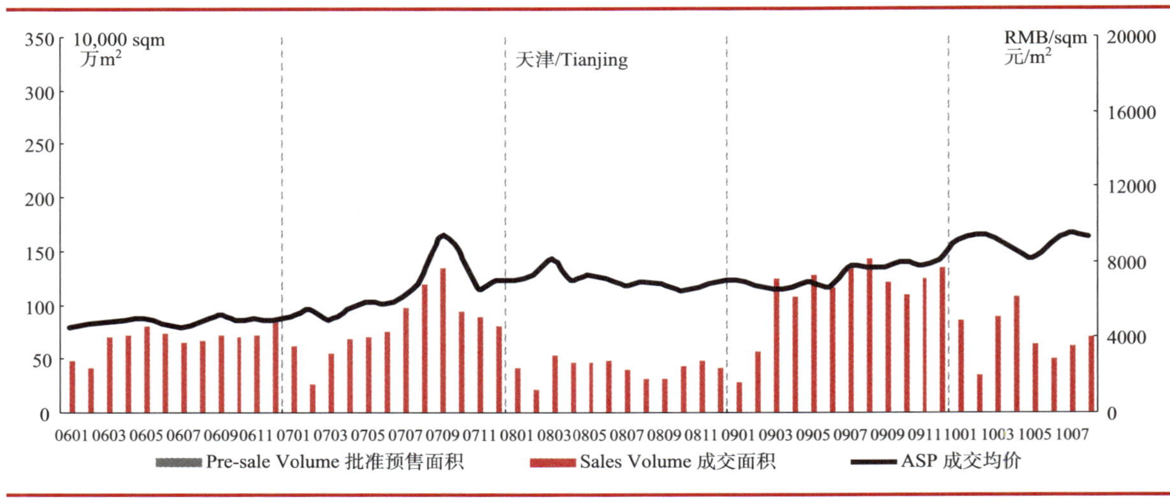
天津/Tianjing
10,000 sqm
万m²
RMB/sqm
元/m²
Pre-sale Volume 批准预售面积
Sales Volume 成交面积
ASP 成交均价

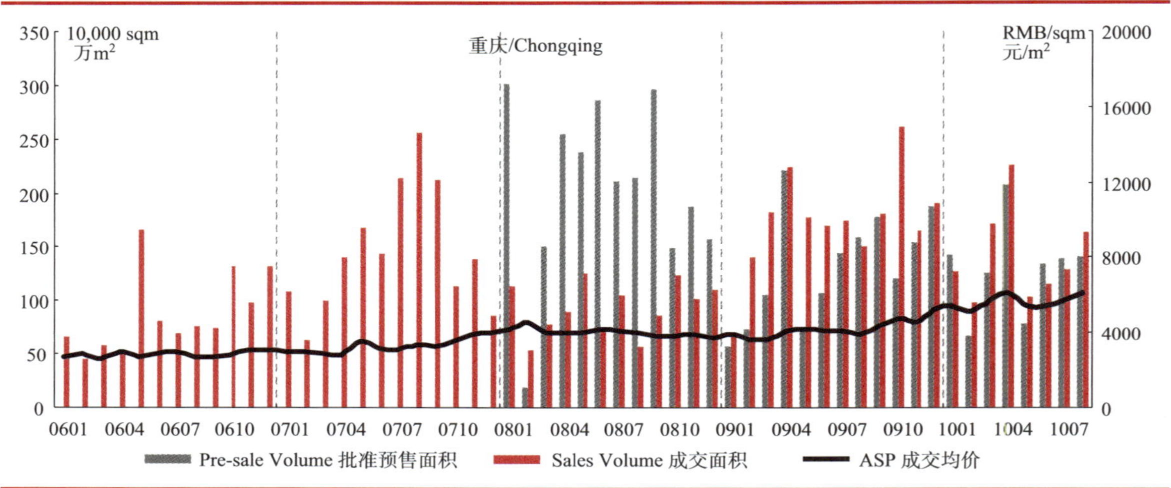
重庆/Chongqing
10,000 sqm
万m²
RMB/sqm
元/m²
Pre-sale Volume 批准预售面积
Sales Volume 成交面积
ASP 成交均价

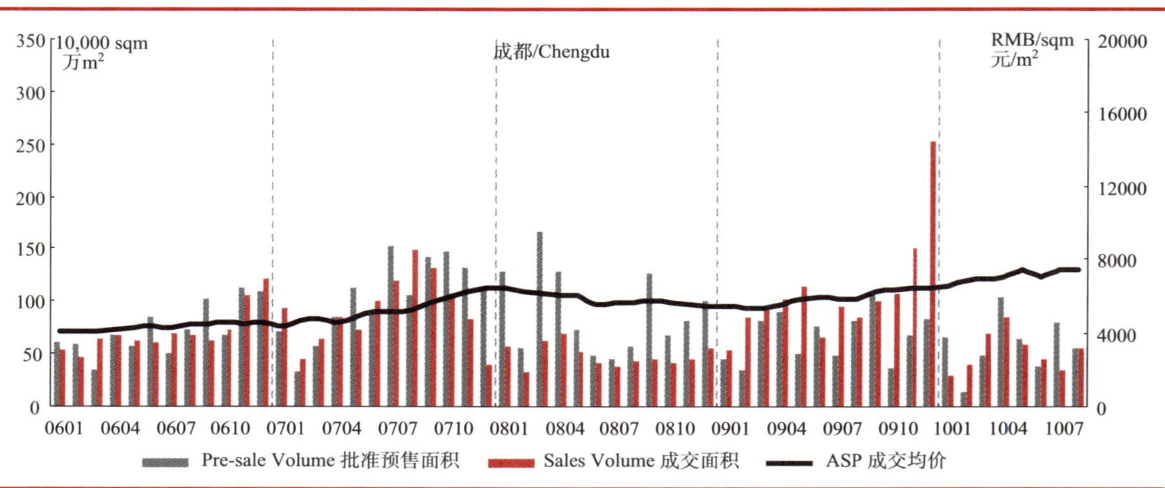
成都/Chengdu
10,000 sqm
万m²
RMB/sqm
元/m²
Pre-sale Volume 批准预售面积
Sales Volume 成交面积
ASP 成交均价

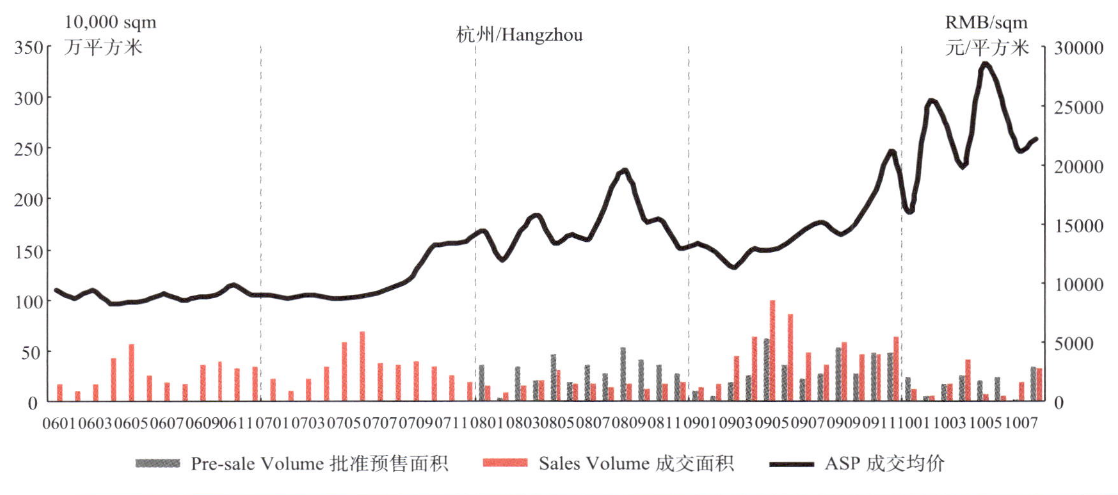

数据来源：各地房地产交易中心，中原集团研究中心。
Source：Real Estate Transaction Center of each city, Centaline Group Research Centre.

6.5 二手房市场 Secondary Housing Market

图 6-8 五大城市二手房新增盘源量（2010 年 1 月～2010 年 8 月）

Figure 6-8 New Supply in Secondary Housing in Five Big Cities (Jan 2010 to August 2010)

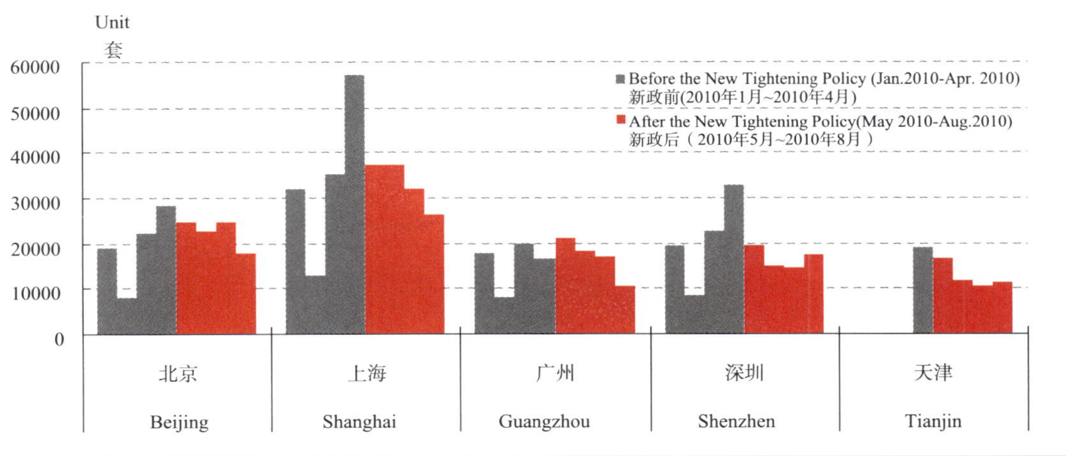

数据来源：中原集团研究中心。
Source：Centaline Group Research Centre.

图6-9　五大城市二手住宅成交面积（2010年1月～2010年8月）

Figure 6-9　Transaction Volume of Secondary Housing in Five Big Cities (Jan 2010 to August 2010)

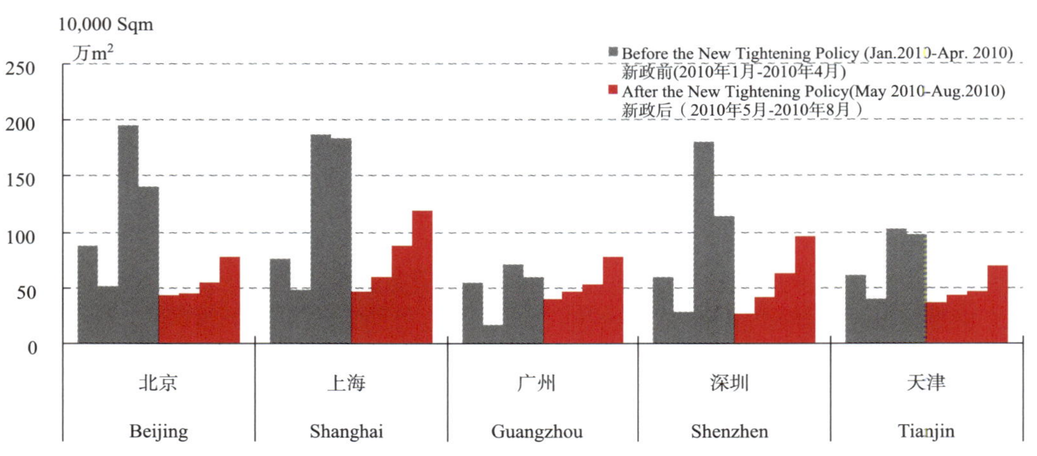

数据来源：中原集团研究中心。

Source：Centaline Group Research Centre.

图6-10　CLI二手住宅价格指数（2004年5月～2010年8月）

Figure6-10　CLI Secondary Housing Price Index (May 2004 to August 2010)

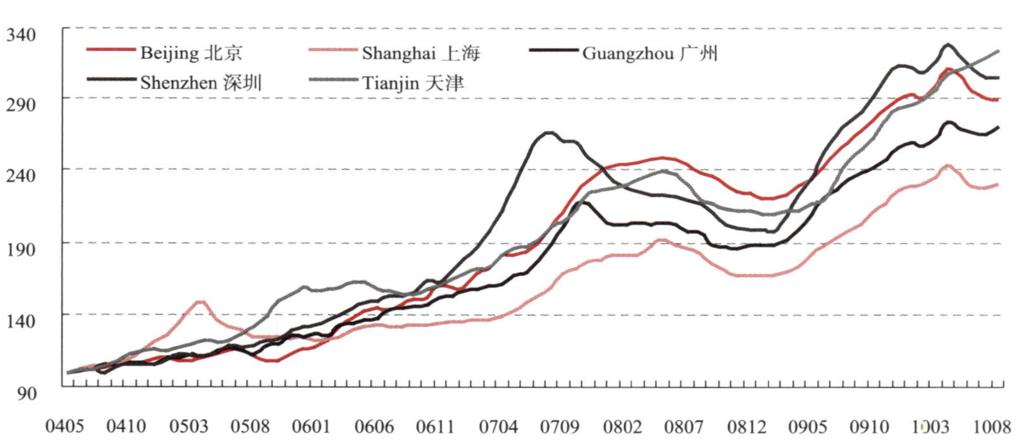

数据来源：中原集团研究中心。

Source：Centaline Group Research Centre.

图6-11　CLI二手住宅租金指数（2004年5月~2010年8月）

Figure6-11　Rental Tendency in Five Big Cities (May 2004 to August 2010)

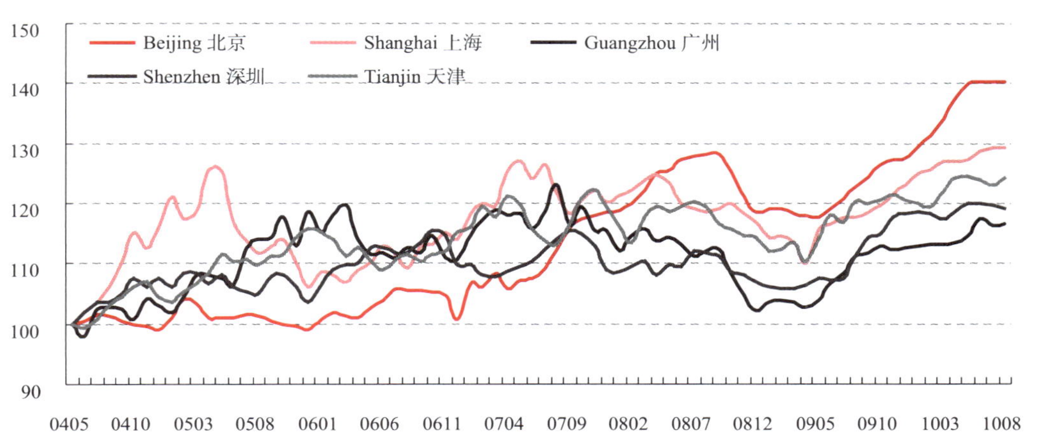

数据来源：中原集团研究中心。
Source：Centaline Group Research Centre.

图6-12　五大城市租金回报率（2004年5月~2010年8月）

Figure6-12　Rental Yield Tendency in Five Cites (May 2004 to August 2010)

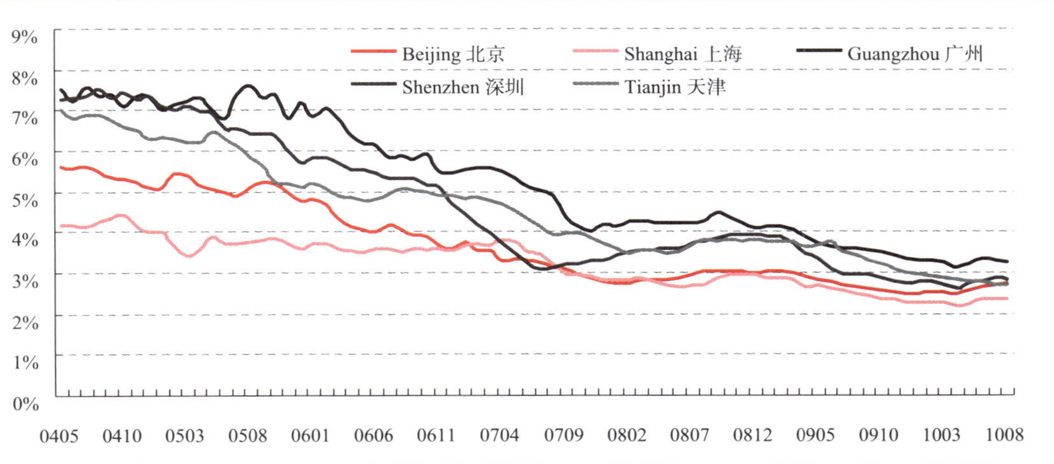

数据来源：中原集团研究中心。
Source：Centaline Group Research Centre.

6.6 写字楼市场 Office Market

图6-13　五大城市甲级写字楼租金指数（2008年1月～2010年8月）

Figure 6-13　Class A Office Rent Index in Five Big Cities (Jan 2008 to August 2010)

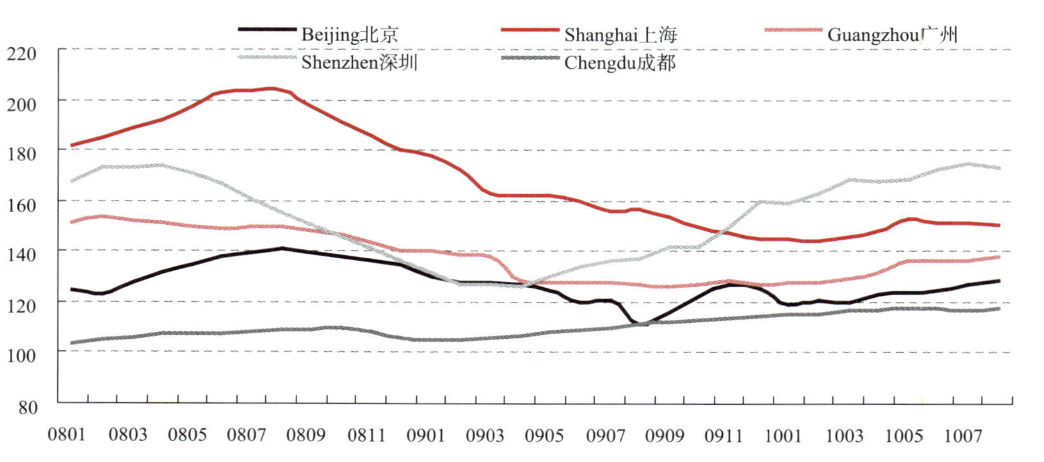

数据来源：中原集团研究中心。

Source：Centaline Group Research Centre.

图6-14　四大城市准甲级写字楼租金指数（2008年1月～2010年8月）

Figure 6-14　Class A- Office Rent Index in Four Big Cities (Jan 2008 to August 2010)

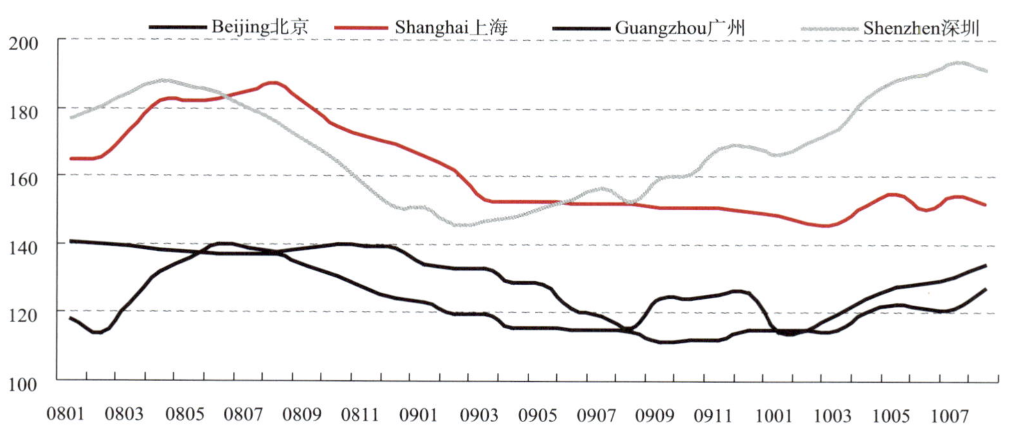

数据来源：中原集团研究中心。

Source：Centaline Group Research Centre.

图6-15　五大城市甲级写字楼入住率（2009年1月～2010年8月）

Figure 6-15　Class A Office Occupation Rate in Five Big Cities (Jan 2009 to August 2010)

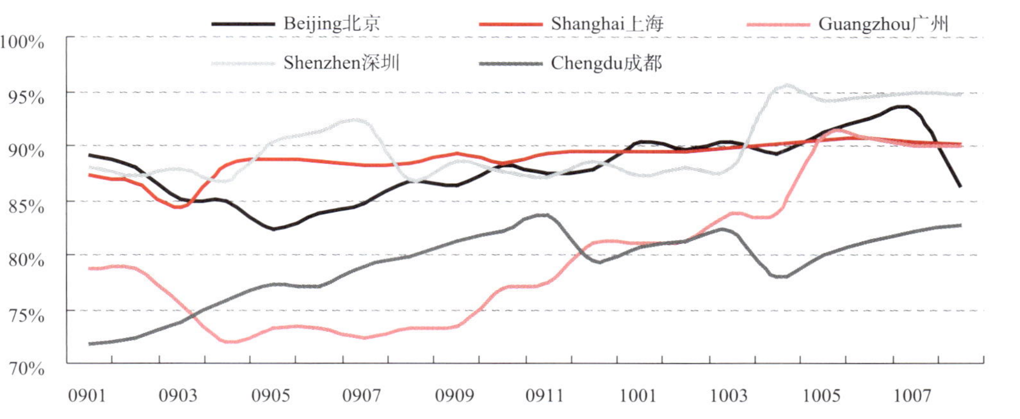

数据来源：中原集团研究中心。
Source：Centaline Group Research Centre.

图6-16　四大城市准甲级写字楼入住率（2009年1月～2010年8月）

Figure 6-16　Class A- Office Occupation Rate in Four Big Cities (Jan 2009 to August 2010)

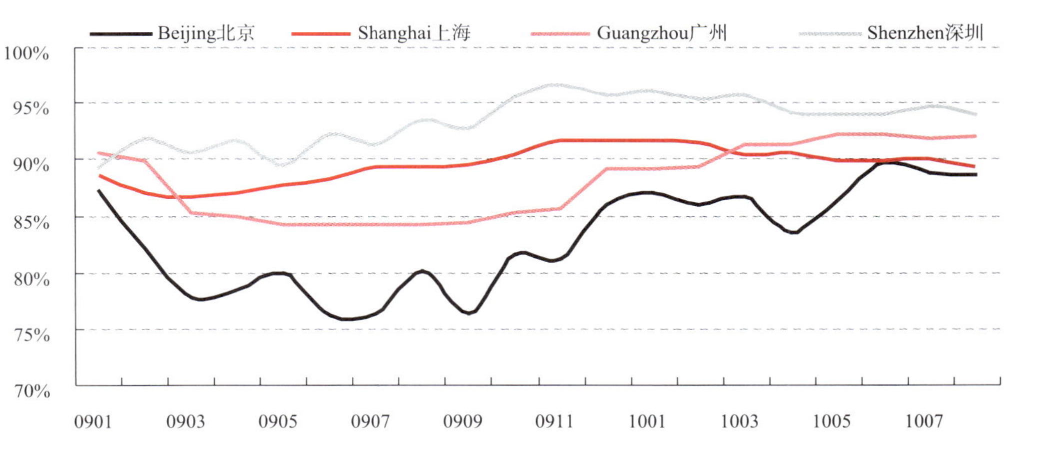

数据来源：中原集团研究中心。
Source：Centaline Group Research Centre.

图6-17　四大城市写字楼供求情况（2009年1月~2010年8月）

Figure 6-17　Office Transaction Volume and New Supply in Four Big Cities (Jan 2009 to August 2010)

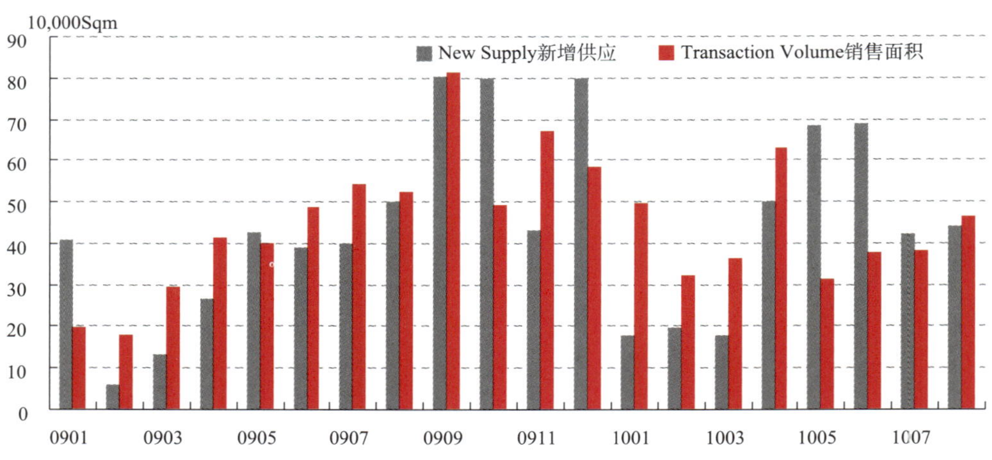

数据来源：中原集团研究中心。

Source：Centaline Group Research Centre.

图6-18　四大城市写字楼供应量（2009年1月~2010年8月）

Figure 6-18　Office New Supply in Four Big Cities (Jan 2009 to August 2010)

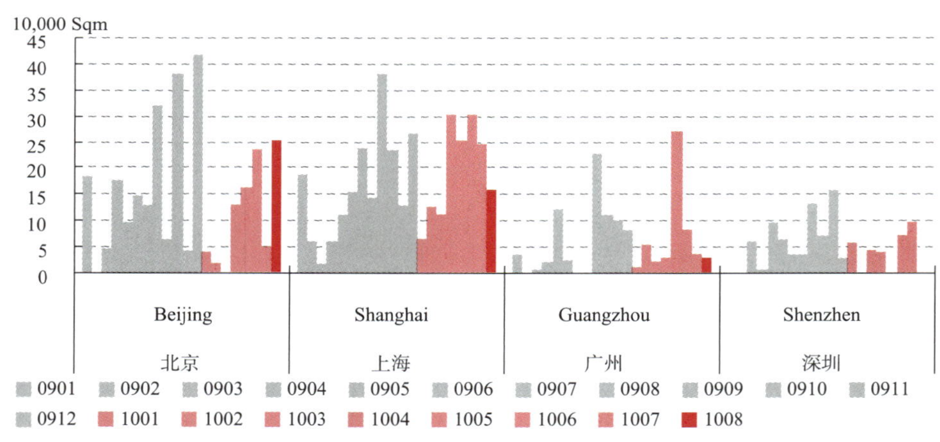

数据来源：中原集团研究中心。

Source：Centaline Group Research Centre.

图6-19 四大城市写字楼销售量（2009年1月~2010年8月）

Figure 6-19 Office Transaction Volume in Four Big Cities (Jan 2009 to August 2010)

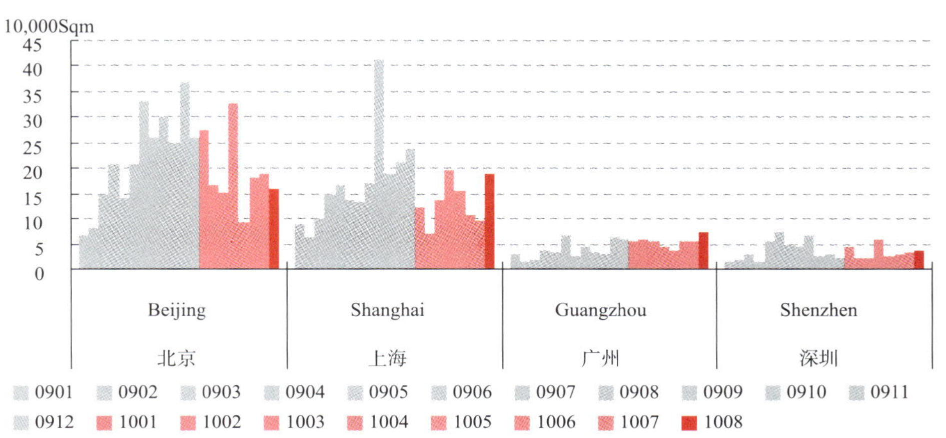

数据来源：中原集团研究中心。
Source：Centaline Group Research Centre.

图6-20 四大城市写字楼销售价格（2009年1月~2010年8月）

Figure 6-20 Office Transaction Price in Four Big Cities (Jan 2009 to August 2010)

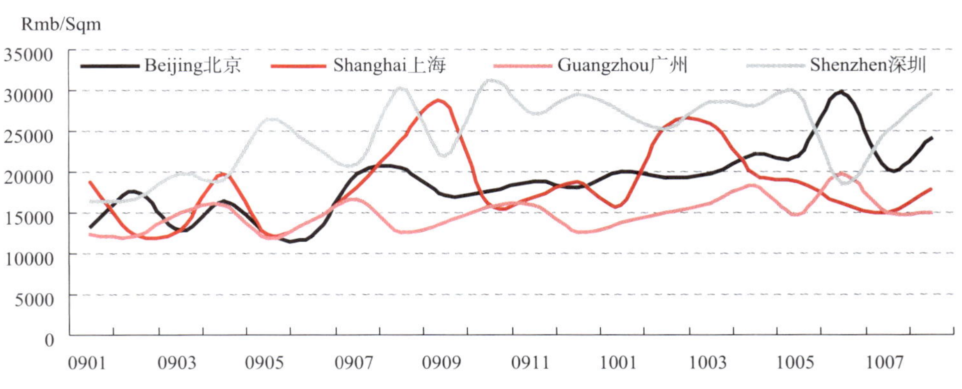

数据来源：中原集团研究中心。
Source：Centaline Group Research Centre.

第7章　英文摘要 Executive Summary

7.1 The Key Factors to Affect China's Property Market

Property market in China has been experiencing two rounds of ups and downs since 2007. However, the fundamentals are not yet to be changed. The key influencing factors remain the financing environment and capital liquidity. Moreover, in certain time of the future, liquidity would still be the key factor to place impact upon the fluctuation of property market in China. China's property market has the typical characteristics of policy market. In recent years, the effect of policy control is mainly influenced by three factors: control of bank credit, implementation of local governments, and justice of public consensus.

7.1.1 Liquidity Determining Market Fluctuation

◆ Credit Affecting Market Sales

By comparing the relationship between currency supplies, real estate development and housing sales, it could be clearly seen that the investment on real estate development and housing sales change synchronously with the currency supply. It is particularly true for the sales market. At the end of 2009, it was expected by all aspects that new policy would be issued to control property market. In addition with the Chinese New Year influence, housing sales market began to shrink in January and February 2010. However, since no action was taken in the two Conferences (i.e. the National People's Congress and the Chinese Politica Consultative Conference), the market is stimulated to rebound again. At the mid of April, the most stringent control policies are issued and the housing sales right drop accordingly. Hence, the change and development of future sales market still depends on the tightness of implementation of banking credit policy.

◆ Financing Determining Industry Vicissitudes

By analyzing the ups and downs of real estate industry in the past few years, it could be seen that its development is highly related to external financing. The change of financing environment could determine the development of the whole industry and market. The financing induces the prosperity of property market in 2007, leads to the recession in 2008, and also creates condition for the recovery of the industry in 2009. The change of financing environment in 2010 results in the short fallback in 2010. In 2007, the capital market experiences unprecedented prosperity. The developers take great efforts in land purchase with large amount of financing by banking loan and additional issue. In 2008, it makes the developers to meet difficulties in financing of the tightened policies. In addition, the sales market is also low. The developers fall into capital trouble and have to cut the sales price down to get cash back. They seldom take expansion with land purchase. In 2009, affected by the financial tsunami, the policies help domestic developers to open the financing channels and further lay foundation for them to expand on the whole in 2009. in 2010, the domestic financing of the developers meet difficulties again.

Figure 7-1 Change of residential sales volume and housing loan in major Chinese Cities

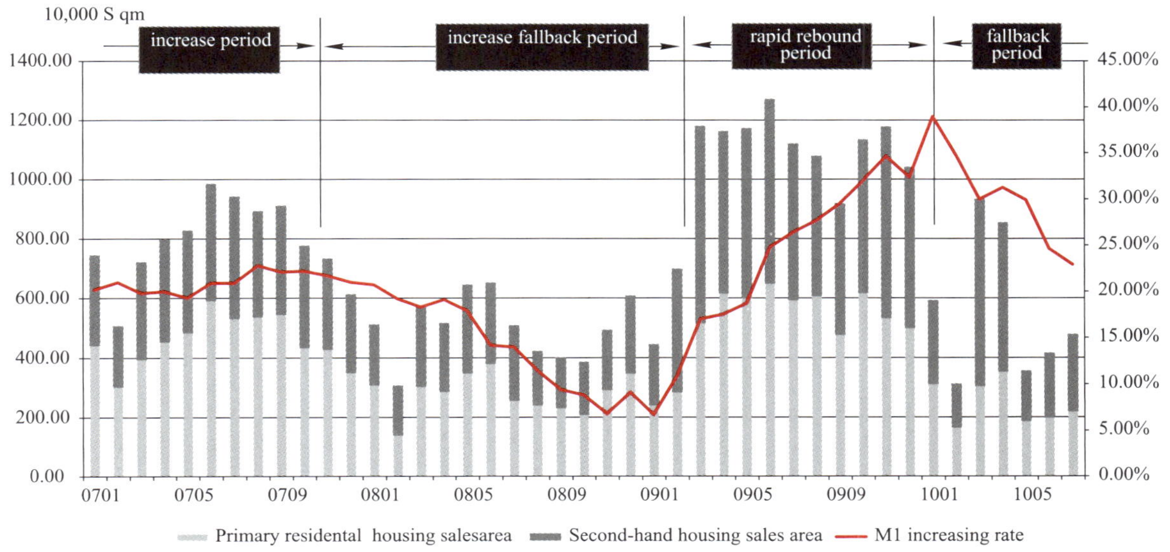

Note: sales volume refers to that of primary plus secondary residential housing in Beijing, Shanghai, Guangzhou and Shenzhen
Source: the People's Bank of China, housing transaction center in each city, Centaline Group Research Center

Annual land purchase value, financing value and sales value of benchmarking developers

Table 7-1

(2007 to First eight months of 2010)

Year	Land purchase value	Financing value	Sales value	Land purchase value/ Financing value	Land purchase value/ Sales value
2007	1515	1354	1540	112%	98%
2008	496	1002	1632	50%	30%
2009	1980	1512	2847	131%	70%
First eight months of 2010	1205	496	2066	243%	58%

Unit: 100 million RMB
Source: Centaline Industry Monitor, Centaline Group Research Center.

7.1.2 Three Factors to Affect Policy Orientation

◆ Flexibility of banking credit control

Financial leverage of the banks plays important role in the release of demands. Hence, the effect of restraining demands by tightening credit highly depends on the flexibility of credit control. In this round of control, the most effective policy that places direct impact on the market is still the second-housing loan. When the policy is just issued, the commercial banks in many cities gradually suspend the approval of third housing loan and housing loan for non-local buyers. Under public pressure, this tight credit policy towards investment housing purchase is still implemented. The third housing loan in those focus cities like Beijing, Shanghai is stagnating, and some sign shows that housing loan policy would possibly be further tightened.

◆ Flexibility of local government implementation

It is worthy noticing that in this round of control, the accountability of local governments is placed on an important place. During the past several control processes, since local governments generally have a selective or negative implementation on central governments' policies due to their heavy rely on land income, housing price in many cities experience sustained increasing despite of each control. Hence, only if local governments could seriously ensure the effect of each control policy at local level, the goal of control could be really achieved. However, due to the economic benefit, local government would more or less have certain flexibility in carrying out the control policies. Therefore, great effort of the central government is in great need to monitor the following implementation of policies and the related specification. Central government should take the responsibility of monitoring the process and effect of policy implementation.

◆ Flexibility of public consensus justice

In recent years, the public justice is sustained increasing in China. All kinds of media monitor market change, reveal corruption and unnormal phenomenon, and reflect public needs. In this year's control, the public opinion help add fuel to the flames of housing control. Since 28 March this year, the central media continually published six commentaries at local governments. Afterwards, People's Daily, Guangming Daily, the Central People's Broadcasting Station also severely criticized high housing price. This year, it could be obviously seen that the timing when a series of important tight policies are issued is in a sense under the pressure of the media and public opinion.

7.2 Centers Shift, Potential of Tier–2 and Tier–3 Cities Increasing Promoting

Since the commodity housing reform in 1998, real estate industry in China has been experiencing rapid development. Meanwhile, development speed and overall development level in each city begins to differentiate. In recent years, the gap between different cities further decreases, with the leading advantage of tier–1 cities dropping significantly. Some key cities that are encouraged by national strategies or effectively receive industries transferred from upper level cities are undergoing high–speed development with significant increase of economy and overall strength. The emergence of the leading tier–2 and tier–3 cities is the inevitable outcome of their sustained economic development, optimization of industrial structure and acceleration of urbanization.

7.2.1 Market Structure Changes, Rapid Development of Tier–2 and Tier–3 Cities

◆ Better Market Performance with Stronger anti–dropping and rebound

After the issuance of new policy in April, the market in tier–1 cities drops to the bottom rapidly. Overall performance of tier–2 cities during this time of fluctuation is better than tier–1 ones. Data shows that primary market in tier–2 cities is stronger than that of tier–1 cities in terms of anti–dropping and rebound degree.

Figure 7-2 Monthly Change of Sales Volume of Major Cities (Jan. to Aug. 2010)

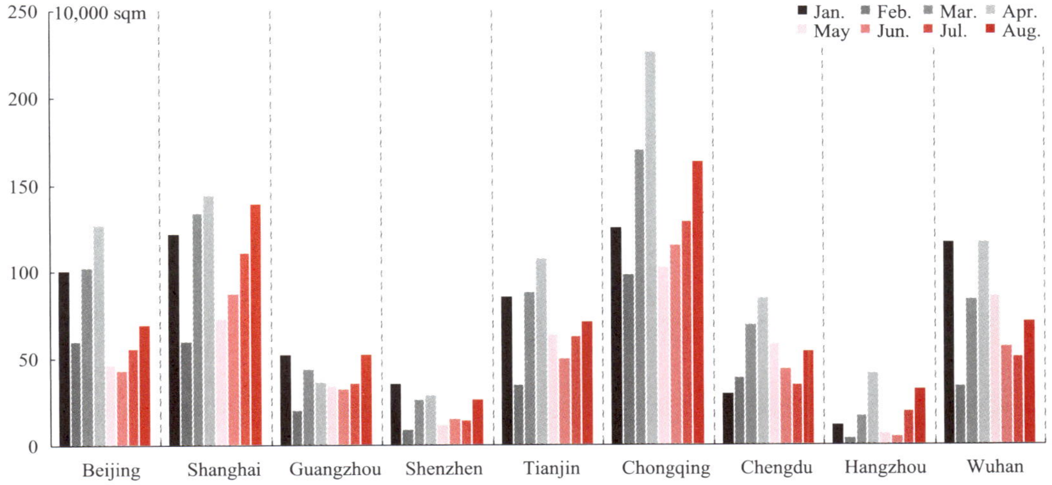

Source: Residential Monitor, Centaline Group Research Center.

◆ Shift of Development Center with Tier-2 Cities to be Strategy Center

From 1998 to 2009, the ratio of cities except the four tier-1 cities, namely Beijing, Shanghai, Guangzhou and Shenzhen, of the investment on real estate development in China has already increased from 62% to 84%. That of sales value of commodity housing increases from 80% to 90%, sales volume of commodity residential housing from 79% to 92%. The development center of China's residential market has gradually shifted to tier-2 and tier-3 cities. This tendency could also be seen from the strategy distribution of benchmarking real estate enterprises in recent years.

Figure 7-3 Shares of Tier-1 Cities Drop

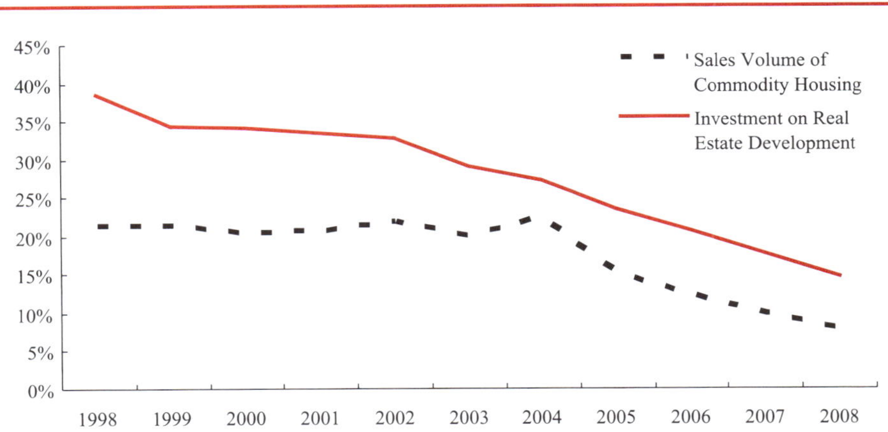

Source: statistical yearbooks of China and tie1 cities.

Figure 7-4 Share of Sales Volume in Tier-1 Cities for Benchmarking Developers

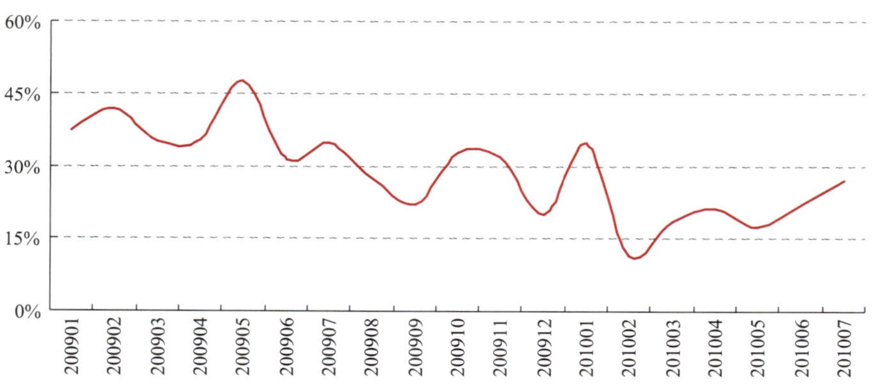

Source: Industrial Monitor, Centaline Group Research Center.

The shift towards tier-2 and tier-3 cities will sustain as could be seen from land supply in recent years. On the one hand, land supply in tier-1 cities is limited. For real estate development, the land is the basic stance without which the development is impossible. On the other hand, real transaction of land in tier-1 cities generally remain at high price, which makes the costs of property development significantly increase and the risk of development increase accordingly. All of this leads to the sustained drop of the share of tier-1 cities in the future. Accordingly, tier-2 and tier-3 cities will take the opportunity to become the development center.

Figure 7-5 Shares of Transacted Land in Tier-1 Cities Drop

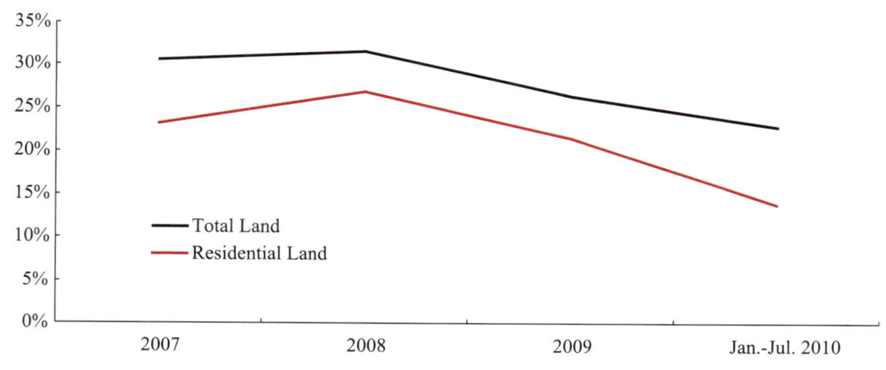

Note: data in the figure include that for 12 cities, namely Beijing, Shanghai, Guangzhou, Shenzhen, Tianjin, Chongqing, Chengdu, Wuhan, Shenyang, Changchun, Nanjing and Hangzhou. It comes from information publicized by land authority in each cities monitored by Centaline Group Research Center. Tier-1 cities refer to the first four cities.

Source: Land Monitor, Centaline Group Research Center.

7.2.2 Multiple Factors Help, Tier-2 and Tier-3 Cities Ready to Grow-up

◆ At Macro Scale Supported by National Strategy

In recent two years, the compilation and implementation of regional plans is speeding up. The efforts of regional adjustment are great with significant tendency of biased towards the middle and the east. In the meantime, to accelerate the urbanization of medium and small-sized cities is another national strategy in recent years. According to worldwide rule, urbanization in China now is in the accelerating period. The future ten years will be the most key stage. With rapid expansion of big-city scale, the population resource and environment capacity would tend to be full or even be exceeded, the development center of China's urbanization will gradually shifted to medium and small-sized cities.

◆ At Medium Scale Stratified Region Development

Stratified development of the regions provides the new opportunity for the development of economy and property market in tier-2 and tier-3 cities. Taking Yangze River Delta where regional economic level is the highest in China as the case, size structure of urban system there is completed. Using sales price of commodity residential housing as measure indicator, the price of each city in the region also basically conforms to the size structure of urban system: residential sales price of Shanghai, the central city, is the highest; followed by Nanjing, Hangzhou and Ningbo, the provincial and vice-provincial capital city; that of the other cities is the lowest.

Size Distribution System of Yangze River Delta (2008) Table 7-2

Population Size	City	Number of Cities
>10 million	Shanghai	1
4~10 million	Nanjing, Hangzhou	2
2~4 million	Suzhou, Wuxi, Changzhou, Ningbo	4
0.5~2 million	Taizhou, Yangzhou, Huzhou, Zhenjiang, Nantong, Jiaxing,Taizhou, Zhoushan, Shaoxing	9

Source: China Statistical Yearbook 2009, Centaline Group Research Center.

With the stratified development of the region, the gap between the central city Shanghai and the other cities in the region becomes decreasing. Taking primacy ratio as measure indicator, that of Shanghai in the 16 cities has dropped from 3.9 in 2000 to 2.4 in 2008. Although the centralization of Shanghai in the region is still high, the dropping tendency is also significant. Similarly, the housing price of Shanghai is 1.22 times in 2000 than that of Hangzhou, where housing price is the second highest city in the region. The ratio decreases to 1.17 in 2009.

◆ At Micro-scale Stimulated by Increase of City Strength

Per capital GDP of China in 2008 is about US$ 3300. According to international convention, the real estate industry is right on the stably accelerating stage of development. In Yangze River Delta, per capital income of 16 central cities in the region is all above US$ 4000, among them that of Suzhou, Wuxi, Shanghai, Hangzhou, Ningbo, Changzhou and Nanjing is above US$ 8000. According to the study by World Bank, real estate industry has entered the stable period. The other nine cities are in the stably accelerating period.

Figure 7–6 Per Capital GDP of 16 Cities in Yangze River Delta (2008)

US$
16000
14000
12000
10000
8000
6000
4000
2000
0
Balanced Phase
Stably Accelerating Phase
Suzhou
Wuxi
Shanghai
Hangzhou
Ningbo
Changzhou
Nanjing
Zhenjiang
Shaoxing
Zhoushan
Jiaxing
Chaozhou
Taizhou (Zhejiang)
Yangzhou
Nantong
Taizhou (Jiangsu)

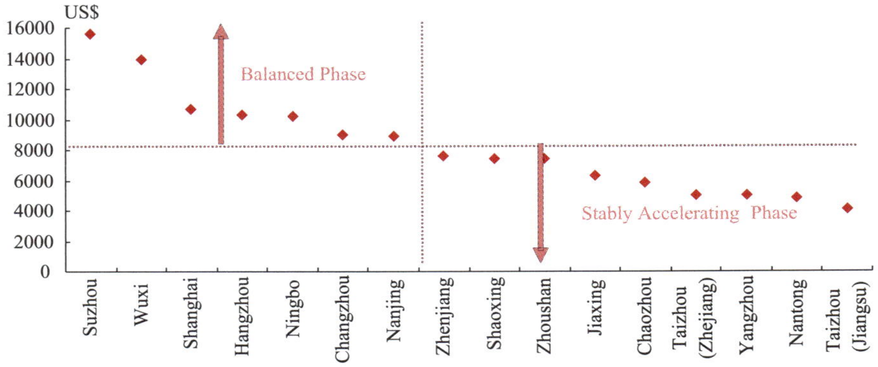

Source: China Statistical Yearbook 2009, Centaline Group Research Center.

Specifically, the sustained increase of per capital income and urbanization level will remain the major decisive factors of the stably accelerating development of property market in China at present. In Yangze River Delta, Shanghai is ourstanding since both the two capitals leads ahead of the others. The major impetus for property market development in Jiangsu province is the accelerating urbanization, while that for Zhejiang province is the rapid increase of per-capita disposable income of urban residents.

Structure of Per Capital Disposal Income and Urbanization in 16 Cities in Yangze River Delta (2008)

Table 7–3

Per capital Disposal Income (RMB)	>50%	40%~50%	<40%
>24000	Shanghai (26675,87%)	Hangzhou (24104,50%)	Ningbo (25304,35%) Shaoxing (24646,32%)
20000~24000	Suzhou (23867,59%) Wuxi (23605,70%) Nanjing (23123,83%)	Changzhou (21592,50%)	Jiaxing (22481,38%) Zhoushan (22257,37%) Chaozhou (21822,31%) Taizhou (21675,18%)
<20000		Zhenjiang (19044,45%) Nantong (18903,42%) Yangzhou (17398,47%)	Taizhou (17198,36%)

Note: data of per capital disposal income from Statistical Yearbook of Cities in Yangze River Delta 2009, data of population from City Statistical Yearbook 2009.

Source: Centaline Group Research Center.

7.3 City Distribution and Market Performance of Benchmarking Developers

7.3.1 Saturating in Tier–1 Cities, Growing–Up in Tier–2 Cities

Property market in China is generally classificated into tier–1, tier–2 and tier–3 cities according to different geographical location and economic development. In recent years, with the overall economic development, tier–2 cities are gradually growing up, while the share of tier–1 cities with respect to residential housing sales volume reduces year by year.

Figure 7-7 Percentage of the 1st Tier Cities Housing Sales Volume to the Whole Country

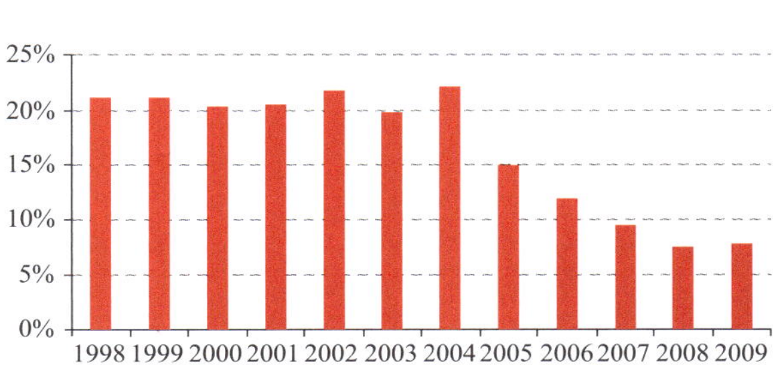

Source: National & local Bureau of Statistics.

Figure 7-8 City Distribution of the 10 Benchmarking Developers' Sales Volume (2008-2010.01-07)

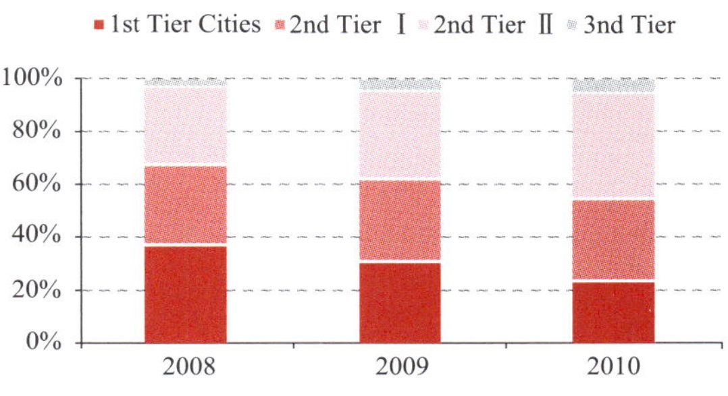

Source: Centaline industry Monitor, Centaline Group Research Center.

Under such circumstance, the ten benchmarking listed developers under Centaline's monitor have gradually shifted their sales focus from tier-1 to tier-2 and tier-3 cities.

In convenience for description, the cities that have been entered by the ten benchmarking developers (including land and on-sale projects) are classificated as follow:

Classification of 1st, 2nd & 3rd Tier Cities — Table 7-4

Type	Cities	Market Characteristics
1st Tier Cities	Beijing, Shanghai, Guangzhou, Shenzhen	• Developed economy, mature real estate market • Secondary housing transaction volume account for 50+% of the whole market • Rare land resource, high land cost
Leading 2nd Tier Cities (2nd Tier I for short)	Hangzhou, Tianjin, Chengdu, Suzhou, Wuxi, Nanjing, Chongqing, Wuhan	• Very fast developing economy • Primary housing market developing fast • Secondary housing market in shape
Developing 2nd Tier Cities (2nd Tier II for short)	Shenyang, Changchun, Dalian, JiNan, Qingdao, Hefei, Changsha, Taiyuan, Nanchang, Xian, Wenzhou, Ningbo, Shaoxin, Fuzhou, Xiameng, Dongguan, Panyu, Foshan, Huizhou, Zhongshan, Zhuhai, Haikou	• Fast developing economy • Primary housing market developing fast • Early stage of secondary housing market • Abundant land resource, relatively low land cost
3rd Tier Cities	Baotou, Conghua, Dandong, Haining, Heyuan, Nanhai, Sanshui, Shanglu, Shenqi, Shunde, Taizhou, Tianhe, Wulumuqi, Zhangzhou, Zhenjiang, Zhoushan	• Early stage of economy • Developing primary housing market • Abundant land resource, low land cost

Source: Centaline Group Research Center.

7.3.2 Development Strategies from City Distribution

According to Centaline's statistics, the sales of the ten benchmarking developers in recent three years come from more than 50 cities. As show in Table 1, the feature of city distribution of these ten developers could be generalized as the following several types:

◆ Equilibrium Development

The sales are equilibrium distributed in tier-1, tier-2 and tier-3 cities, and the ratio keeps stable in recent three years without significant partiality.

Representative developers: Vanke, Poly

Sales Volume distribution of benchmarking developers (Vanke, Poly) Table 7-5

	2008	2009	2010	2008	2009	2010
	Vanke			Poly		
1st Tier Cities	33%	29%	34%	42%	29%	27%
2nd Tier I	37%	38%	30%	23%	26%	34%
2nd Tier II	29%	32%	37%	31%	36%	39%
3rd Tier	2%	1%	0%	4%	9%	0%

Note: Sales volume in 2010 only include the volume from January to July.
Source: Centaline industry Monitor, Centaline Group Research Center.

◆ Emphasis Focus

To focus on certain type of market, with noticeable less of other markets compared to the focus market. the partiality is relatively significant. With respect to different focus markets, the developers could be further sub-classificated into focusing-on tier-1 cities, focusing on tier-2 I cities, and focusing on tier-2 II cities, etc. Until now, there are still no benchmarking developers to focus on tier-3 cities.

Representative Developers:

- Focusing-on tier-1 cities: CMPD
- Focusing on tier-2 I cities: CR Land
- Focusing on tier-2 II cities: Agile, COLI

Sales Volume distribution of benchmarking developers (China Merchants, CR Land, Agile & COLI)

Table 7-6

	2008	2009	2010	2008	2009	2010	2008	2009	2010	2010
	China Merchants			CR Land			Agile			COLI
1st Tier Cities	77%	76%	65%	11%	20%	8%	23%	7%	4%	18%
2nd Tier I	11%	14%	35%	57%	49%	65%	13%	0%	27%	11%
2nd Tier II	12%	10%	0%	32%	31%	28%	53%	69%	60%	71%
3rd Tier	0%	0%	0%	0%	0%	0%	11%	24%	9%	0%

Note: Sales volume in 2010 only include the volume from January to July.
Source: Centaline industry Monitor, Centaline Group Research Center.

◆ Shifting Development

Those that the previous sales focus is in tier-1 cities with gradually shifting to tier-2 cities in recent two years. With respect to the main source of current sales, it could be further divided into "shifting from tier-1 to tier-2 I" and "shifting from tier-1 to tier-2 II" .

Representative Developers:

- Shifting from tier-1 to tier-2 I: R&F
- Shifting from tier-1 to tier-2 II: FORTE, Gemdale

Sales Volume distribution of benchmarking developers (Guangzhou R&F, Forte & Gemdale)

Table 7-7

	2008	2009	2010	2008	2009	2010	2008	2009	2010
	Guangzhou R&F			Forte			Gemdale		
1st Tier Cities	58%	47%	35%	50%	48%	34%	52%	35%	22%
2nd Tier I	29%	32%	61%	49%	42%	29%	23%	38%	24%
2nd Tier II	13%	21%	3%	1%	11%	38%	22%	27%	55%
3rd Tier	0%	0%	0%	0%	0%	0%	3%	0%	0%

Note: Sales volume in 2010 only include the volume from January to July.
Source: Centaline industry Monitor, Centaline Group Research Center.

◆ Uncertainty

The sales are not focusing on certain type of cities, and the shifting process of the sales focus is unconform with the overall tendency of the industry.

Representative Developers: Green Town

Sales Volume distribution of benchmarking developers (Greentown) Table 7-8

	2008	2009	2010
	Greentown		
1st Tier Cities	8%	5%	11%
2nd Tier 1	17%	29%	68%
2nd Tier 2	59%	48%	15%
3rd Tier	15%	18%	6%

Note: Sales volume in 2010 only include the volume from January to July.
Source: Centaline industry Monitor, Centaline Group Research Center.

7.3.3 Impact of City Distribution upon Market Performance of The Benchmarking Developers

Although the sales achievement of the developers are mainly related to many factors such as product design, project positioning, marketing strategy and management level, the significant development gap between tier-1 and tier-2 cities could place noticeable impact upon the sales of them under current macro circumstance of property market, in particular when the market is in bottom. After the new policies issued this year, the relationship between market performance and their city distribution of the benchmarking developers is displayed as follow:

Figure 7-9 Monthly Sales Volume of the 10 Benchmarking Developers (2008.06-2010.07)

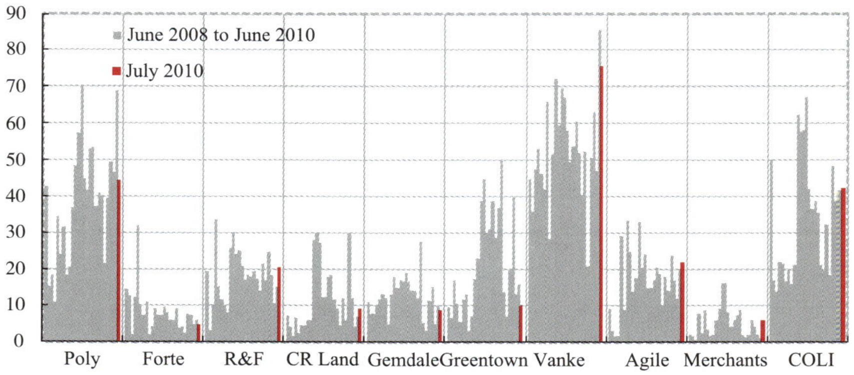

Source: Centaline industry Monitor, Centaline Group Research Center.

The Comparison of Benchmarking Developers' Sales Volume Before and After New Tightening Policies

Table 7-9

Developer	Monthly average sales volume of May to July 2010 vs. monthly average of 2009	Type
Vanke	126%	Balanced Development Type
Poly	123%	Balanced Development Type
COLI	105%	Focus Type (2nd Tier II)
Agile	94%	Focus Type (2nd Tier II)
Forte	76%	Shifting Type (2nd Tier II)
R&F	77%	Shifting Type (2nd Tier I)
Gemdale	50%	Shifting Type (2nd Tier II)
CR Land	44%	Focus Type (2nd Tier I)
Greentown	44%	Uncertain Type
Merchants	41%	Focus Type (1st Tier)

Source: Centaline industry Monitor, Centaline Group Research Center.

Those developers that take the equilibrium development strategy, namely Vanke, Poly, have the best market performance after the new policy. The equilibrium development strategy is much fit for the market bottom after the control. The gap between tier-1, tier-2 and tier-3 cities could be effective to balance market risk and return.

Those that focus on developing tier-2 II market such as COLI and Agile could also keep the peak sales level as last year. However, the other developers that take the other strategy could not achieve such good performance. Since those tier-2 II cities are right on the stably up-growing stage that have stable market demands faced with less policy impact. Those who right focus on developing this type of cities could have stable market sales. on the other hand, those developers that could hardly take the market focus nor effectively balance risks could not have good market performance.

7.4 Residential Land out of supply, Land market at high level

The land market in 2010 has been undergoing a new round of macro control. On the one hand, it is faced with the increasingly tight management requirement; on the other hand, it is faced with the double supply plan. Under the impact of control policies, the creation of "land king" since the end of 2009 is temporarily suspend. However, the land market still remains certain fever. Since July 2010, with the gradual increase of housing transaction volume in many cities, the price of hot land parcels keeps reaching high. It is expected that with the launch of a large amount of land supply in the market in 2010H2, the fever of land market would be even higher. And hence, the "land king" is inevitable.

In recent years, the overall floor area of new land is less than the newly construction area of the same period, which leads to the periodical short supply of land, or even becomes one of important reasons of the increasingly high land price. Although the effort of investigating idle land in 2010 is unprecedented, the impact upon well-known developers is limited that are right the main creators of "land kings" . Therefore, how to keep the stable development of land market is testing the leadership capability of the governments in all levels. However, it is due to the contradiction by the land finance that the land markets in many cities remain running at high level.

7.4.1 Synchronous Tighten and Loosen with Policy Innovation

Control policies in connection with land market in 2010 are mainly focus on three aspects: one is tightening, namely to strictly regulate land management policy, in particular the treatment on idle land; the other is loosening, namely to increase land supply, in particular the supply of land for indemnificatory housing; the third is innovation, namely to perfect land transfer method to increase justification and transparency. However, due to the important role of land transfer fee in local fiscal that could not be changed in a short time, the actual implementation effect is still await of seeing.

◆ To tighten: tight the land regulation

The regulation of idle land before 2009 mainly ends up with nothing conclusive. The special regulation by MLR on the housing market could be seen that the central government could no longer tolerate the land idle problem that has been exiting for a long time. Then, the central government put forward some much strict requirement on local land regulation departments.

The policy adjustment aiming at land regulation this time is stricter than before. With the further implication of the policy and related measures on land transfer and management, land market must be faced with increasingly regular and strict management requirements. It would become difficult to occur that some developers gain high returns by hoarding land.

◆ To loosen: increase land supply

In compassion with each macro control before, the biggest change in 2010 is to put the effective increase of land supply on the primary level. The basic way to increase housing supply is to increase the effective supply of residential land and speed up the process of transferred land to residential supply.

In 2010, total land supply plan in China is 185,000 hectare, 100,000 hectare more than the actually supply of residential land in 2009. According to MLR, the completion rate of residential land transfer in 2010H1 is 30%. By comparing with the completion level of past three years, the actual transferred residential land in the first half year in the major cities account for about 30% of total transferred land in the whole year. Therefore, it is estimated that the plan of increase land supply this year is possible to be achieved on time.

Land Transaction Volume in Major Provinces and Cities (2010 H1) Table 7-10

Area	Residential Land		Land for Commercial Housing		Land for Indemnificatory Housing	
	Volume (10,000 sqm)	Ratio of Planning	Volume (10,000 sqm)	Ratio of Planning	Volume (10,000 sqm)	Ratio of Planning
Total	56108	30%	14032	32%	42077	30%
Beijing	1450	58%	248	33%	1202	69%
Shanghai	321	29%	68	21%	252	33%
Tianjin	1568	90%	413	91%	1155	90%
Chongqing	1191	18%	210	12%	982	21%
Shandong	6357	35%	1064	25%	5293	38%
Jiangsu	6615	51%	1809	52%	4806	50%
Zhejiang	2736	33%	492	22%	2245	37%
Sichuan	2711	33%	640	33%	2070	33%
Guangdong	1830	24%	443	21%	1387	26%

Source: Ministry of Land and Resources, Centaline Property Research Center.

Note: Land for indemnificatory housing includes land used for low-rent housing, for affordable housing, for rebuilding shanty areas and for self-occupied small- or medium-sized houses.

Residential Land Transaction Volume in Major Cities (2007-2009) Table 7-11

City	2007 H1		2008 H1		2009 H1	
	Volume (10,000 sqm)	Ratio of the whole Year	Volume (10,000 sqm)	Ratio of the whole Year	Volume (10,000 sqm)	Ratio of the whole Year
Total	808	27%	1761	55%	1237	29%
Beijing	126	24%	398	63%	223	35%
Shanghai	146	31%	191	55%	152	26%
Guangzhou	26	9%	37	24%	6	3%
Shenzhen	6	16%	42	89%	24	47%
Tianjin	220	21%	859	51%	622	30%
Chongqing	284	42%	234	71%	210	31%

Source: Bureau of Land and Resources in Major Cities, Centaline Property Research Center.

◆ To innovate: pre-application and synthesized bidding evaluation system

In September 24, 2009, the Shanghai GTJ issued the "pre-application" post for the first time. Afterwards, it is tested in some cities like Guangzhou. Till now, the pre-application system is still under experiment and no completed and regulative implementation measures have been formed. From the initial motivation of launching pre-application policy, it would achieve two aspects of function. One is to complete the announcement mechanism of land information in order to stabilize market expectation and then the land price; the other is to strengthen land supply plan management in order to improve the allocation efficient of marketization to reduce land bid failure.

In order to suppress the extremely rapid increase of land price, the governments in many cities are trying to replace the method of transferring the land to who asks the highest price with synthesized bidding evaluation. From the actual effect, there are 14 land parcels to be successfully transferred by this way in Beijing after the "April 17" new policy. This method is favorable for the governments to lead and control the land price; however, there is still large space for the synthesized bidding evaluation system to improve.

7.4.2 Residential Land Out of Supply

◆ Land fever in 2010 keeps high

In 2010Q2, under the impact of new policy, total floor area of transferred residential land in the major nine cities experienced little Q-o-Q drop. But when entering August, it experienced significant increase again. And the average floor price exceeds the peak point in 2007.

Figure 7-10 Land Transaction Volume and Price in 9 Major Cities (2007-2010Q3)

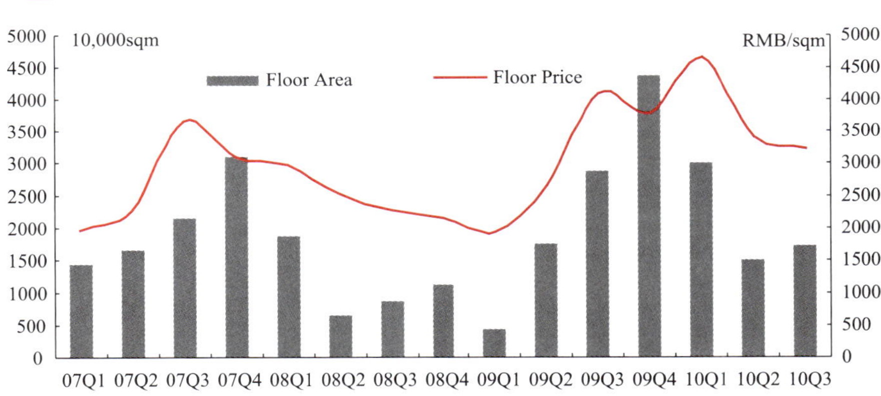

Source: Bureau of Land and Resources in Major Cities, Centaline Property Research Center

Note: the nine major cities in this report refer to the following cities: Beijing, Shanghai, Guangzhou, Shenzhen, Chongqing, Hangzhou, Nanjing, Wuhan and Chengdu.

◆ Periodical short supply of residential land

During the period of 2007Q1 to 2010Q3, the overall floor area of the transferred land in the major nine cities is about 18,000 hectare less than the overall newly construction area in the same period. It shows that the overall land supply in the nine cities would experience periodical short. With the sustained increase of newly construction volume, land demand in the future would become much stronger. Hence, land transfer in these cities is still in fever competition and land price remains at relatively high level.

Figure 7-11 Consumption of Residential Land in 9 Major Cities (2007-2010Q3)

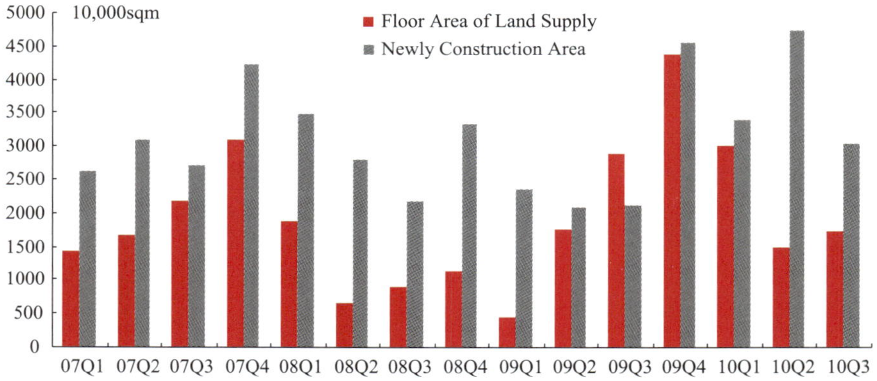

10,000sqm
Floor Area of Land Supply
Newly Construction Area
5000
4500
4000
3500
3000
2500
2000
1500
1000
500
0
07Q1 07Q2 07Q3 07Q4 08Q1 08Q2 08Q3 08Q4 09Q1 09Q2 09Q3 09Q4 10Q1 10Q2 10Q3

Source: Bureau of Land and Resources and Statistic Bureau in Major Cities, Centaline Property Research Center.

7.4.3 High Competition with Low Auction Failure Rate and High Premium Rate

◆ Auction failure rate remains low

In the fever time of land market in 2007 and 2009, the average auction failure rate in the nine cities is below 10%. In the flat time of 2008, it is above 25%. In 2010Q2, the rate is about 7%, which shows the overall land market remains active.

Figure 7-12 Auction Failure Rate of Residential Land in 9 Major Cities (2007-2010H1)

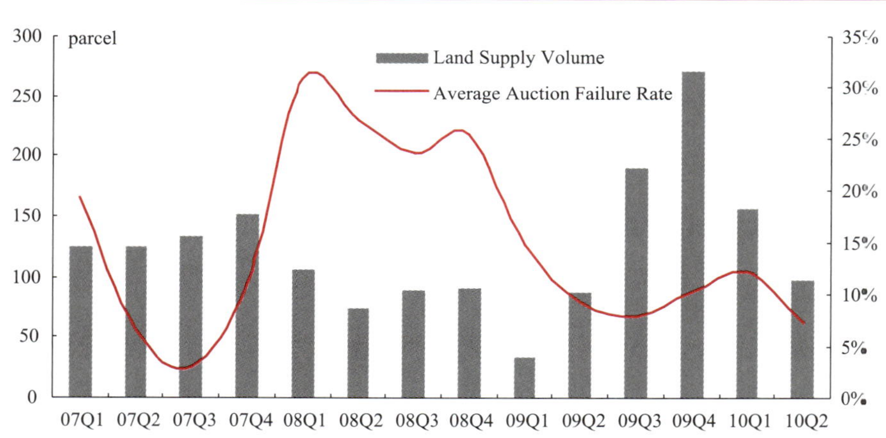

parcel
Land Supply Volume
Average Auction Failure Rate
300
250
200
150
100
50
0
35%
30%
25%
20%
15%
10%
5%
0%
07Q1 07Q2 07Q3 07Q4 08Q1 08Q2 08Q3 08Q4 09Q1 09Q2 09Q3 09Q4 10Q1 10Q2

Source: Bureau of Land and Resources in Major Cities, Centaline Property Research Center.

◆ Premium rate remains high

From 2008Q1 to 2009Q1 the market was in depression. Most of land was transacted at bottom price and the premium rate was very low. On the contrary, in 2007Q3 and 2009Q4 when the market is boom, the premium rate exceeds 100%. After the new policy in April 2010, the premium rate decreased obviously. However, due to the high competition for some high quality land parcels, the premium rate of residential land remains high at 60%.

Figure 7–13 Premium Rate of Residential Land in 9 Major Cities (2007–2010H1)

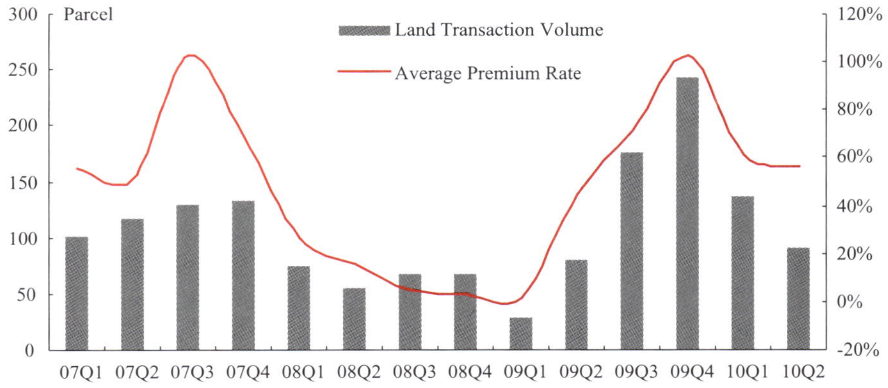

Source: Bureau of Land and Resources in Major Cities, Centaline Property Research Center.

7.4.4 Entry of SOEs Promote Land Price and Create Land King

In the list of land kings in recent years, there are some SOEs and central companies that have very deep pockets. These enterprises could always win in the land competition with their advantage of many resources and deep pockets. Whatever reasons these enterprises to enter the market at all costs, it has actually promoted the land price. And furthermore, the increase of housing price surrounding these areas is fed by the high land price.

Figure 7–14 Land Transaction Volume in 9 Major Cities (2007–Aug 2010)

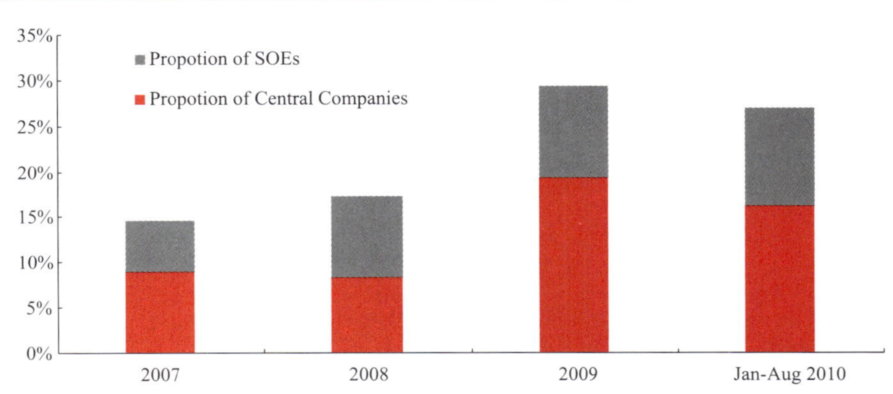

Source: Bureau of Land and Resources in Major Cities, Centaline Property Research Center.

Figure 7-15 Land Transaction Value in 9 Major Cities (2007–Aug 2010)

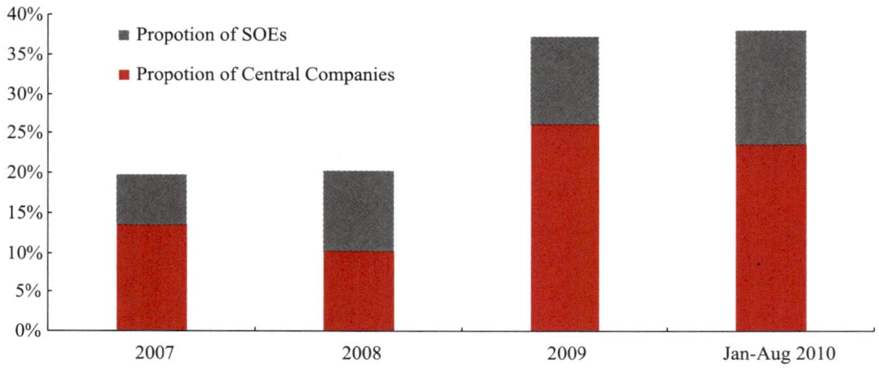

40%
35%
30%
25%
20%
15%
10%
5%
0%

■ Propotion of SOEs

■ Propotion of Central Companies

2007 2008 2009 Jan-Aug 2010

Source: Bureau of Land and Resources in Major Cities, Centaline Property Research Center.

Among the nine cities, the overall land area obtained by SOEs and central companies account for 15% of total transferred land, which reaches 29% in 2009 and 28% in 2010 (till August). It shows that the expansion speed of SOEs and central companies is higher than the others. The overall value of land obtained by SOEs and central companies accounts for 20% of total value in 2007, and it reaches 37% in 2009 and 38% in 2010. The above two indicators show the same tendency with ratio of land value a little higher than that of volume, which suggests that the average land price by them is higher than the others. It indicates the fluent capital and determination of them to obtain high quality land parcels, which is right the reason of them to create new land kings.

Figure 7-16 Average Floor Price in 9 Major Cities (2007–Aug 2010)

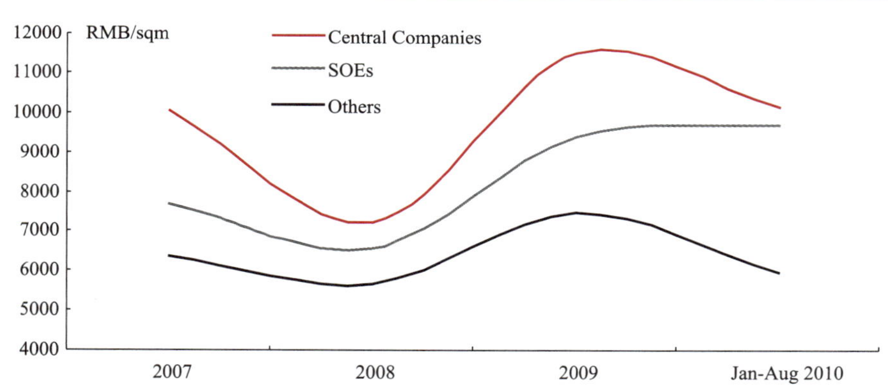

Source: Bureau of Land and Resources in Major Cities, Centaline Property Research Center.

In terms of land transaction price, central companies rank the first, followed by SOEs, and the other companies rank the last. In the boom period of land market, the gap among them becomes bigger, which indicates that central companies and SOEs are the main impetus of pulling land price high. In 2010, the price of land obtained by SOEs and central companies remains close, while the gap between them and others gets noticeable bigger. SOEs and central companies take advantage of many resources to become the main competitors of high quality land parcels. The other companies are hard to compete with them.

7.5 Policy to be tightening, secondary housing market recovery with a zigzag

The policy is the important factor that affects the real estate market in China at present, of which the credit policy is the most influential ones on the secondary market. In April 2010, a new round of policy control on property market is issued again, and the financial credit is tightened on unprecedented level. In the second half year of 2010, it is expected the secondary market in major cities would still be under high pressure of policy control. Current rapid rebound of sales volume would be possibly?interrupted by the control policies. Therefore, it is expected the market would tend to be stable in the fourth quarter of 2010.

7.5.1 Strict credit policy, significant drop of both volume and price

"New Circular 10" asks to strictly implement differential credit and tax policies. According to it, the second housing should be defined very strictly, and some cities even suspend the loan leading of the third housing. Under such impact, housing market in many cites experienced downtown shortly with significant drop of sales volume.

According to Centa Leading Index (CLI), sales volume in Shenzhen, Shanghai and Beijing drop the most with about 70% decrease.

Different from the sales market, leasing market recently is quite active. It is mainly due to the transfer of some housing purchase demand to leasing.

Figure 7-17 CLI Secondary Housing Price Index (May 2004 to Aug 2010)

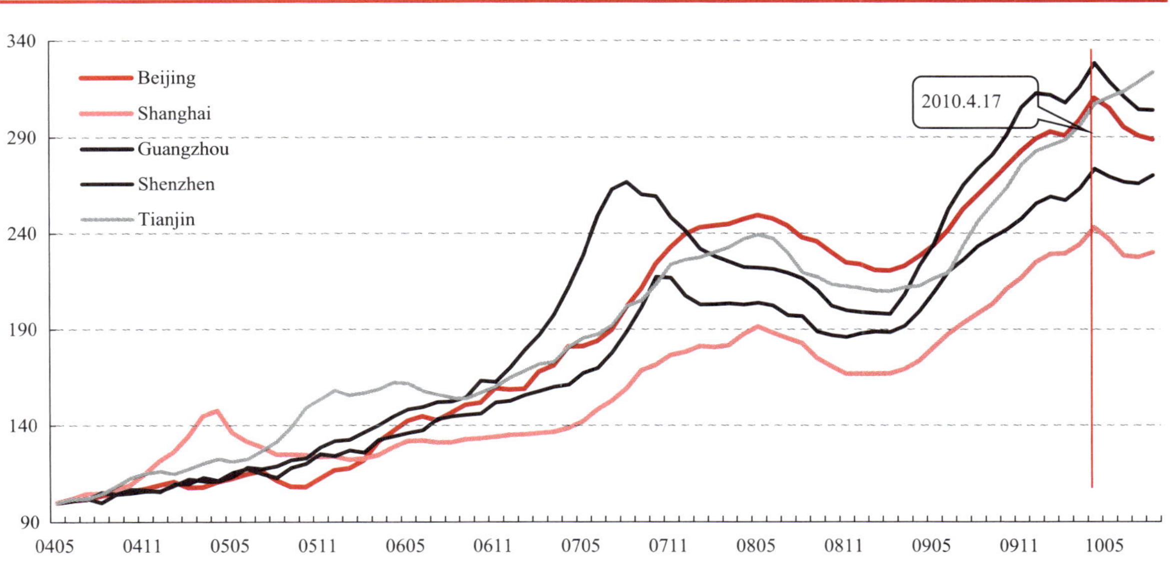

Source: Centaline Group Research Centre.

Figure 7-18 Transaction Volume of Secondary housing in 5 Major Cities (Jan 2007 to Aug 2010)

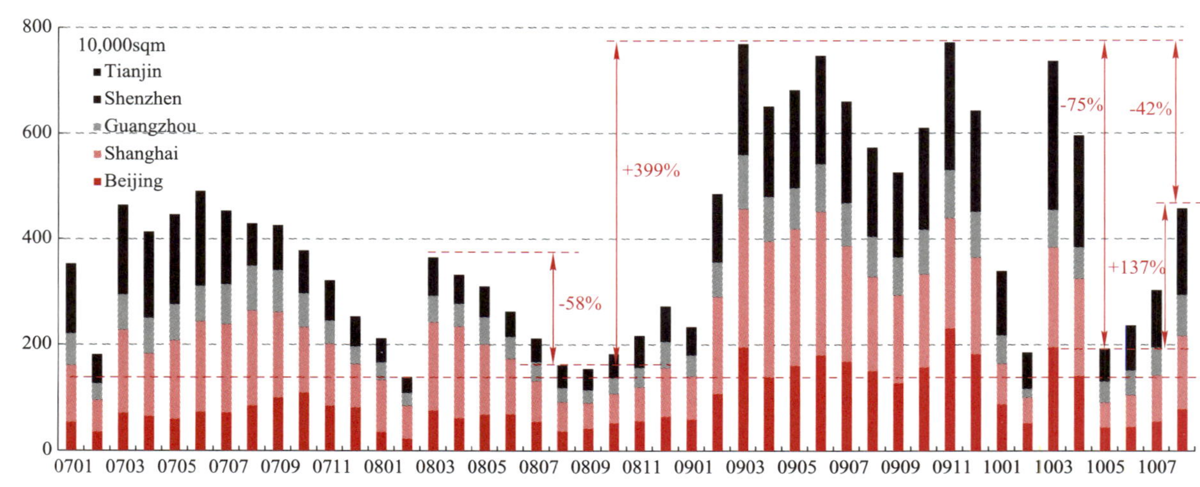

Source: Centaline Group Research Centre.

7.5.2 Market differentiation, different blocks with different market performance

During the market fluctuation, different sub-markets display different feature due to different characteristics of their own.

One is the housing near track traffic. The construction of track traffic significantly improves the housing price nearby and hence promotes some blocks. Both price and rent of housing near track traffic also displays overall rising tendency.

The other is housing near good schools. For quite a long time, the demand for housing near good schools remains always active with relative little impact by the policy. Hence, even in such slow market, this kind of housing could remain strong with relatively active transaction.

On the contrary, the high-end market is relatively weak at present. Since the market control this time mainly aims at investment and speculative demand, the high-end market is worst affected. Since this May, sales volume of high-end housing has been reduced significantly. Market transaction is mainly from rigid self-living demands.

7.5.3 Market becomes mature with wide development space

Until the end of 2009, the residential stock in five big cities in China each is about 3~6 times of that in Hong Kong. However, the circulation rate of secondary residential housing remains low. Even the highest one, namely 5% in Shenzhen, has big gap from that in Hong Kong (8.3%). Hence, the secondary housing market in the five cities still has wide development space.

On the other hand, due to the scarcity of land in city center, new supply of primary housing there become less and less. Meanwhile, immigration population becomes more and more. Therefore, such methods like new districts construction, districts consolidation, suburban merging to urban areas are adopted by the governments to expand urban areas. With the expansion of urban area, new blocks in suburban areas are gradually developing.

The increase of per capital income is also the important factor to support the long-term development of property market in China. According to Centaline, improve demand accounts for increasing rate of total housing purchase. It is particularly true in the tier-1 cities of which urbanization has already reached or even exceeded that in developed countries. Improvement demand resulting from old city renovation and urban renewal is becoming the major impetus of residential market development.

Figure 7-19 Transaction Volume of Primary housing in 5 Major Cities (2005 to 2010)

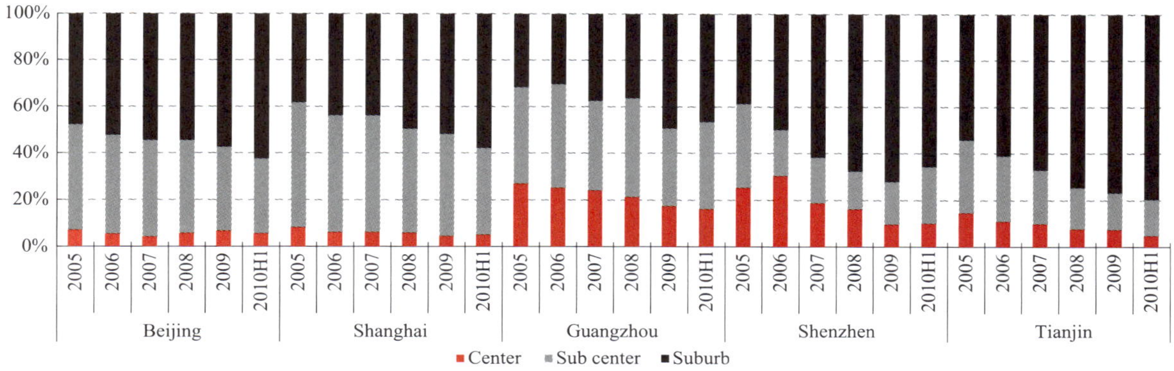

100% 80% 60% 40% 20% 0%

2005 2006 2007 2008 2009 2010H1

Beijing Shanghai Guangzhou Shenzhen Tianjin

■Center ■Sub center ■Suburb

Source: Centaline Group Research Centre

7.5.4 Policy keeps tightening, secondary housing market remains slumping

Right when preliminary recovery appears in both primary and secondary market, the vice-premier Li Keqiang stated twice in mid-August that the tighten control of property market would remain unchangeable. It is estimated that in the second half year of 2010, the policy would remain tight. Especially the credit policy that has significant impacts upon secondary market has little possibility to be loosened. Therefore, recent tendency of recovery would be suspent.

Under the pressure of both policy and public opinion, the pressure of housing price drop remains high. The price of secondary housing would further drop under the pressure of price decrease in primary housing. The overall drop of secondary housing price in the five big cities would possibly be 10% to 20%. Afterwards, the increase of sales volume is expected. It is estimated the sales volume in 2010 would be between that in 2008 and 2009.

7.6 Comprehensive evaluation of ten potential cities of the office market

7.6.1 City classification

In order to study the development potential of office market in major Chinese cities, we choose ten cities as the case study. In terms of the market size of office market and rental level of Class A offices, the ten cities are classified into three types:

Tier-1 cities: Beijing, Shanghai

Tier-2 cities: Guangzhou, Shenzhen, Tianjin, Chengdu, Hangzhou, Nanjing

Tier-3 cities: Wuhan, Chongqing

7.6.2 Index system of office market development potential study

◆ Model system

We use the following four indicators to be the criterion of assessing the potential of office market in each city: economic capacity, market capacity, rental capacity and future capacity.

◆ Evaluation method

Standardization of indicator value: to use the average value of each indicator of the ten cities as 1. The value is taken as the real gap between the calculation result and the average value. The better is the performance, the higher is the value.

Evaluation formula; the average of the standardization result of each evaluation result

7.6.3 Comprehensive evaluation of office market potential in ten cities

◆ Ranking of each indicator

By calculating, we find that these two indicators have very close result. Shenzhen, Chengdu and Guangzhou rank the top three, while Hangzhou, Nanjing, Beijing and Chongqing rank the last four. Among them, both two indicators of Shenzhen rank the first due to small scale of office market and high economic development level. On the other hand, due to the large scale of office market in Beijing and Chongqing, the sums of the two indicators for them rank the last.

By calculating, we find Chengdu and Shenzhen are obviously better than the others in terms of market performance. Shenzhen has the best performance in occupancy rate. Meanwhile, since office inventory in Shenzhen is small, the indicator of office volume per capital is relatively good. For Chengdu, since the office volume per capital is the least among the ten cities, its market performance is the best among them. For Nanjing, it has the worst performance in both occupancy rate and office volume per capital, therefore its overall market performance is the worst.

By calculating, we find the rental capacity of office market in Beijing, Shanghai is the strongest due to the most development of high-order industry there that could provide significant support to Class A offices. That for Nanjing, Wuhan and Hangzhou is the weakest because the rental yield and rental capacity of Class A offices in these three cities are relatively low. Rental capacity in Guangzhou, Shenzhen, Tianjin, Chengdu and Chongqing is relatively moderate.

By calculating, we find the supply scale for Shenzhen, Chengdu, Wuhan and Chongqing is not big either in short or medium term. The pressure of supply in the future is relatively small. While for Beijing and Shanghai, the office supply is very big either in short of medium term. Therefore, it has the possibility of supply out of demand in the future.

◆ Comprehensive rank of development potential

By integration, office market development potential for Shenzhen, Chengdu and Chongqing is significantly higher than the others. That for Beijing, Hangzhou and Nanjing is obviously lower than the average level. With respect to city type, development potential for tier-1 cities is generally lower than the average level; significant differentiation could be found in tier-2 cities with obvious potential for Shenzhen and Chengdu than the other counterparts; the development potential for tier-3 cities is general good.

Company

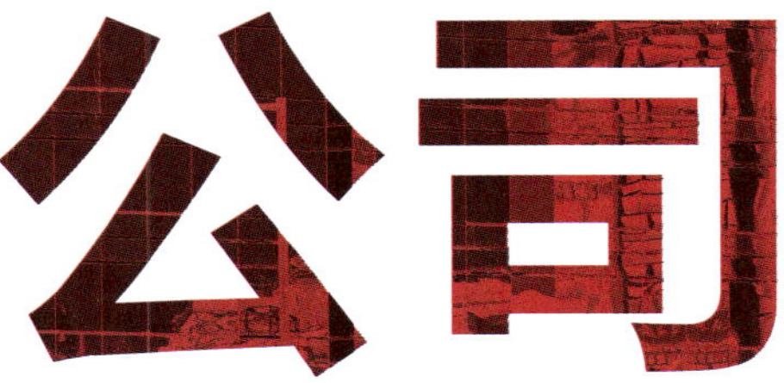

中原集团

一、集团概况

1. 中原概况

中原集团创立于1978年，是一家以房地产代理业务为主，涉足物业管理、测量估价、按揭代理、资产管理等多个领域的大型综合性企业，旗下拥有旗舰品牌中原地产，及利嘉阁地产、宝原地产、信誉家、森拓普、利尊等多家子公司及附属品牌，是房地产代理行业及相关服务领域的先行者和市场引领者。同时，敢于大胆尝试，努力开创全方位多元化服务的中原集团，其业务范围还涉及投资移民、人事顾问、数据整合及软件开发等多个领域。

中原集团立足香港，以服务中国内地、香港及澳门三地的房地产市场为业务发展核心，经过三十余年发展，已经在全国三十个城市成立分公司，业务辐射至全国过百城市，聘任员工逾两万人，跨地域分店总数逾一千间，是目前房地产代理行业内最具规模的企业之一。依托香港背景，秉承“无为而治”的管理理念，旗下主打品牌中原地产不仅在香港独占鳌头，内地业务更是节节攀升，自20世纪九十年代初进入内地市场以来，凭借在香港的成功经

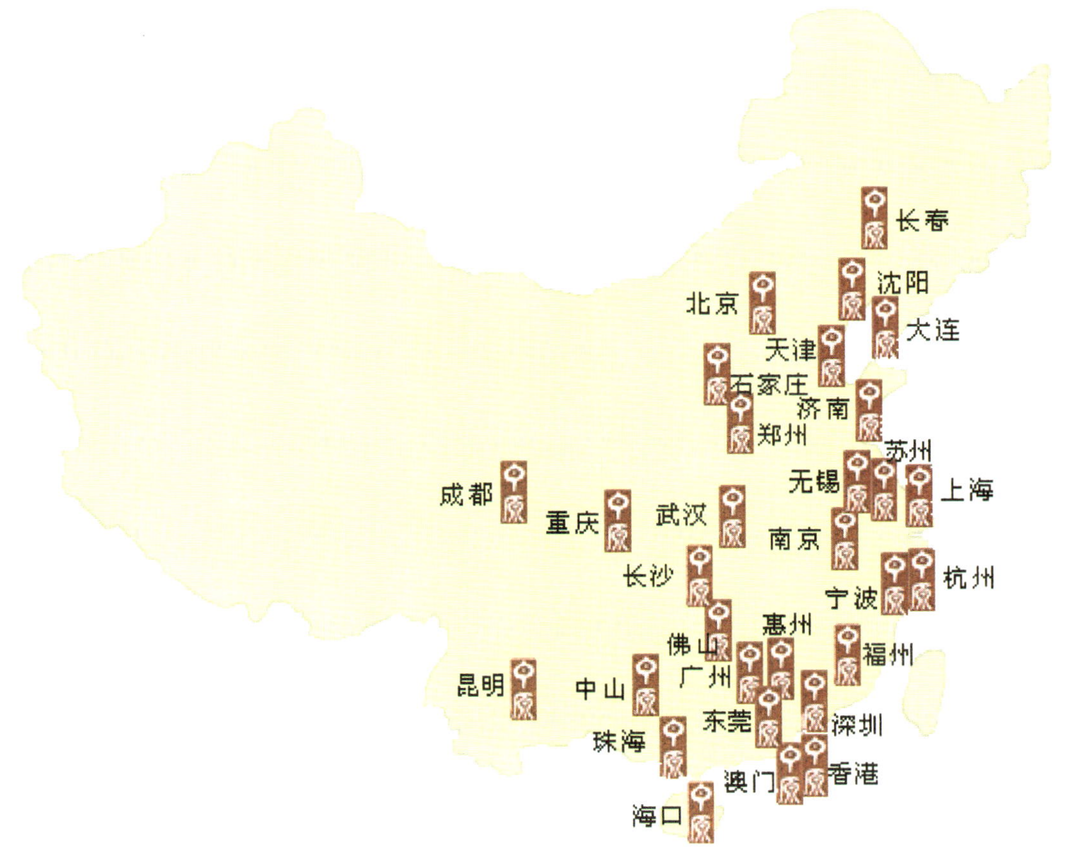

验和模式，采用顺势而为的灵活应变策略，中原地产已在内地近三十个主要城市完成网点布局，并迅速实现本土化融合，在各地市场占据重要位置，同时，中原地产以专业、诚信的品牌形象在市场上赢得良好口碑，成为房地产代理行业内的成功典范和标杆。2001年，中原集团继续加快发展步伐，在美国911事件的大背景之下，大胆进取，全面收购香港排名第三的地产公司利嘉阁，令集团整体格局和市场部署更趋完善。

中原集团拥有强大的网络资源优势和品牌资源互补优势，不断延展的市场布局和不断拓宽的业务范围，令中原集团在资源储备及调配使用方面具备非凡能力，中原集团集房地产代理业务及相关综合性业务于一体，能有效提供一体化服务，不同业务类型间资源互动，令中原集团更具有无可比拟的优越性。近年来中原集团更在其主营业务房地产代理方面不断刷新纪录，创下市场奇迹，成为真正的强者。

中原集团重视企业的行业责任和社会责任，坚守行业准则，坚持以正确方法引领行业规范发展，并设立专业研究机构，向市场提供客观真实的第一手信息，在政府决策过程中提供有效参考依据，为行业及社会作出自己的贡献。中原集团更主张来源于社会，服务于社会，长期积极参与社会公益事业和慈善活动，旗下分公司成立的中原爱心社、精英会、利嘉阁蓝色力量慈善会等组织多年来通过各种方式，以实际行动回馈社会。为更好地推动慈善事业，中原集团更于2004年在香港设立中原慈善基金，致力于扶贫及协助教育工作。

2. 中原旗下子品牌介绍：

■ 利嘉阁地产有限公司：利嘉阁地产有限公司成立于1981年，一直秉承着“以客为尊，待客以诚”的精神，为客户提供最优质及专业的地产代理服务。在2000年，中原集团正式成为利嘉阁的主要股东。利嘉阁除积极拓展住宅部之外，亦全力发展工商铺及海外市场，先后成立利嘉阁(工商铺)地产有限公司、利嘉阁（澳门）地产有限公司及利尊房地产经纪(上海)有限公司，竭诚为中、港、澳三地客户提供最专业及优质的服务。利嘉阁持续稳健发展，现已成为全港三大地产代理之一，分行网络遍布港、九、新界、上海及澳门各地区，凭借利嘉阁员工的热诚及专业诚恳的服务态度，令公司业绩及市场占有率不断攀升。近期，公司推出全新口号“家的感觉·利嘉阁”，进一步提升公司企业形象，更深入民生。

■ 中原按揭经纪有限公司：成立于1999年5月，为中原集团成员，主力为客户提供按揭贷款转介服务。中原按揭致力为客户搜罗全港最新及最齐全的按揭贷款优惠，应客户的不同需要或投资策略推介合适的按揭贷款计划，并安排银行为客户提供免费物业估价、按揭预先批核及特快批核服务，助客户轻松实现置业计划。中原按揭拥有强大的银行及信贷网络，现时伙拍了香港近三十间银行或财务机构，转介服务范围包括一、二手住宅及工商铺新造按揭、转按、加按/再融资按揭贷款，以及定额或循环私人贷款。中原按揭多年来提供全方位按揭贷款转介服务，计划选择多、够全面，让客户更方便及省时。

■ 中原财务有限公司：中原财务为中原集团之全资附属公司，于2004

年12月28日成立，并根据香港放债人条例第163条，注册为香港合法放债人。中原财务首创以地产代理集团为背景，提供按揭贷款服务。我们成立之目标是直接提供按揭贷款予买楼人士，务求为客人提供全面、优质及一站式贷款服务。此目标必须依赖各前线同事支持，与客人建立良好关系，积极推广，为中原财务吸纳更多优质贷款。我们的贷款服务实与外界银行并无差异，由于可参考前线同事提供有关买楼人客之数据，全方位了解客户需要，在批核贷款时，可比银行作出更具弹性之考虑，为客户提供更合适的按揭产品。

■ 中原测量师行有限公司：中原测量师行有限公司成立于1987年，乃中原集团之全资附属机构。利用我们积累了二十多年的行业知识及经验，我们坚持为客户提供专业可靠的服务，在行内赢得良好的信誉及各界的信任。除了专业服务及估价服务外，我们亦提供广泛的房地产服务，包括租务管理、企业顾问和项目及投资顾问。在这瞬息万变的环境中，我们竭力为本地及海外的客户发展高质素及多元化的服务以切合所求。 然而，我们的服务范畴并不局限于上述的部门。作为中原集团一员，我们与旗下各附属机构均建立紧密而信任的良好关系。凭着测量及各方面的专业知识，我们担当了重要的集团公关角色，联系及统筹集团下的各界精英，为客户发展各类不同的大型项目。我们相信结合集团各公司的力量，让我们与客户一同走得更前。

■ 中原资产管理有限公司：中原资产管理有限公司因应客户个人需要，于市场上搜罗投资产品，借着独立理财顾问(IFA)的身份，为客户提供真正多元化的选择；有别于一般银行或保险公司只集中销售旗下产品。中原资产管理专注于互惠基金、资产管理、就证券提供意见等理财服务。中原资产管理持有下列有关牌照：证券及期货事务监察委员会之持牌法团（证券交易、就证券提供意见及资产管理)、香港专业保险经纪协会会员、强制性公积金计划管理局注册公司中介人。随着业务的扩大，中原理财有限公司在2008年成立，其成立目的为加强保险及强积金产品的服务，例如一般保险、寿险、投资相连保险、强积金计划及其他金融服务。中原理财有限公司持有下列有关牌照：香港专业保险经纪协会会员、强制性公积金计划管理局注册公司中介人。

■ 广州市汇瀚顾问有限公司：广州市汇瀚顾问有限公司（简称“汇瀚按揭”）是香港中原集团在国内的全资子公司，是广州中原地产惟一指定的楼宇按揭办理机构。凭借中原地产广阔的营业网络、丰富的客户资源以及良好的信誉口碑，汇瀚按揭与各大银行及相关办理机构保持良好合作关系，迅速发展成为楼宇按揭理财行业的领航军，并连续荣获2006、2007、2008年度（中国·广州）按揭专家、2009年度（中国·广州）最值得信赖的按揭机构。

■ 中原移民顾问(香港)有限公司：中原移民顾问(香港)有限公司是中原集团旗下全资子公司，专责为客户提供移民咨询顾问服务。中原移民业务范围包括香港，澳洲及新加坡的移民顾问服务，为客户提供一条龙专业服务：申请资格评估、办理申请、投资产品咨询，到领取居民身份证等等。凭借中原移民的经验及对客户的服务承诺取得市场认同及建立良好的口碑，公司更在香港投资移民的范畴取得极大市场影响力，成为客户移民香港的优先选择！

■ 深圳信誉家房地产代理有限公司：深圳信誉家房地产代理有限公司是

中原集团2007年8月于内地成立的全新品牌，率先登陆深圳市场。作为中原集团的全新品牌，信誉家瞄准二手高端物业中介代理业务，品牌成立初期主力发展深圳市场，日后将于全国市场进行扩张。信誉家品牌定位为高端房地产中介代理综合服务商，品牌经营业务包括一、二手住宅、写字楼、厂房、商铺代理业务。信誉家将秉承“专业为您、诚信为家、公开资讯、公平交易”的经营理念，致力于提供专业系统的服务，诚信优质的服务，为客户创造更大的价值。

■ 深圳市汇瀚担保有限公司：深圳市汇瀚担保有限公司是国家工商行政管理局批准，于2009年12月23日注册登记，注册资本两千万元人民币，由中原（中国）房地产代理有限公司出资组建的独立法人机构。公司主要经营范围包括：从事担保业务，接收房屋业主委托从事代办房屋银行按揭、代办交易过户、代办抵押登记及相关业务咨询（法律、行政法规和国务院决定规定需要前置审批的项目，取得相关审批后方可经营）；房地产经纪；信息咨询（不含证券、人才中介服务和其他限制项目）。公司坚持“求实、诚信”的企业精神和“以人为本、科学管理、创新发展”的经营理念，以“追求卓越、真诚服务”为宗旨，致力于与各家银行紧密合作，积极开展以住房为抵押的相关担保业务，凭借实力、信誉、产品，服务社会，回报客户。

■ 森拓普物业顾问（深圳）有限公司：森拓普（CentaPro）为中原集团旗下的全资专业顾问公司，专业提供房地产投资顾问、商业顾问（招商、策划、租户代理）、经营管理等多元化顾问服务。CentaPro于2003年初在香港成立,2004年10月成立森拓普物业顾问（深圳）有限公司，并在2007年初进驻武汉。CentaPro整合了中原集团强大的人力资源，其团队主力成员拥有多年从事房地产开发、销售、租赁及商场经营管理经验，秉承CentaPro核心价值：“我专业　我坚持”，竭诚为客户提供高素质的专业化服务。自CentaPro于2004年在深圳成立公司以来，所负责的业务由香港拓展至深圳、广州、珠海、湖北及湖南等主要城市，业务主要有商业项目策划、招商、研究服务。CentaPro在深圳本地的项目皆为深圳各行政区重要代表项目。CentaPro擅长大型主力店的招商，尤其是海外品牌的商家，成功担当众多知名品牌的租户代表，将商家引入国内。

■ 上海宝原物业顾问有限公司：上海宝原地产，作为中原集团旗下的全新房地产中介代理品牌，秉承“中原地产”优秀价值观和企业文化的精华，为宝原地产的未来发展打下稳固根基，集团在资金、管理输出、按盘资源等各方面予以全力支持。目前宝原地产主力上海二手房市场，后期随着业务的不断发展，将涵盖房地产一手代理业务、物业管理、投资及工商铺等，并将业务范围逐步扩大至全国。宝原地产贯彻独立经营之原则，遵照“中原集团”纯洁忠诚的经营理念，在房产代理业务上全程贯彻始终，坚守不参加炒卖、成交力强、服务全面、掌握市场脉搏、公开信息、公平交易的宗旨。

■ 利尊房地产经纪（上海）有限公司：利尊房地产经纪（上海）有限公司Ricacorp Properties（Shanghai）Limited（下简称“利尊地产”）为利嘉阁地产有限公司投资的全资子公司，注册于2009年8月，是外资房地产经纪公司。其经营范围为：房地产经纪，房地产信息咨询，物业管理咨询。资方利嘉阁地产有限公司于1981年在香港成立，历经约30年的稳健发展，现已成为全港三大地产代理之一，网络遍布港、澳及沪各地区，业务遍及一、二手住宅、工商铺物业买卖及租赁市场，同时也为广大客户提供金融按揭转介与投资移民相关服务。2009年，其业务进入大陆地区，启用“利尊地产”品牌。目前，利尊地产已在上海市中高端物业聚集区开设是10家分行，未来利尊地产品牌将陆续进驻北京，广州，深圳，重庆等重点城市，为全国客户提供更卓越、专业的房地产综合服务。秉承“专业服务・与时并进”的品牌宗旨，“以客为尊，待客以诚”的品牌理念，和“诚信・关怀・创新・服务”的品牌精神，利尊地产将为广大客户提供更卓越，尊贵的服务体验，热心公益，回馈社会，推动行业向更高领域发展！

■ 北京中原华夏物业管理有限公司：北京中原华夏物业管理有限公司从组建到发展都凝聚了每一位员工的心血。在中原物业创建初期，中原人凭借自身丰富的专业知识、充满活力以及凝聚力的团队、一直执着的在物业管理行业中努力的实现自己一个又一个目标。2000年底通过ISO9002质量管理体系认证并隶属为中原地产的分公司；2002年成立香港在京投资的独立法人企业并通过ISO9001：2000质量管理体系认证；2002年获得物业管理企业三级资质；2004年在天津成立第一家分公司；2006年在沈阳成立第二家分公司；2006年通过ISO9001：2000质量管理体系及ISO14001：2004环境管理体系认证；2007年在唐山成立第三家分公司；2007年获得物业管理企业二级资质。时至今日，北京中原华夏物业管理有限公司业务遍及全国几个大中型城市，经营范围不断拓宽，为企业今后的发展奠定了坚实的基础。

二、集团架构图——业务版块

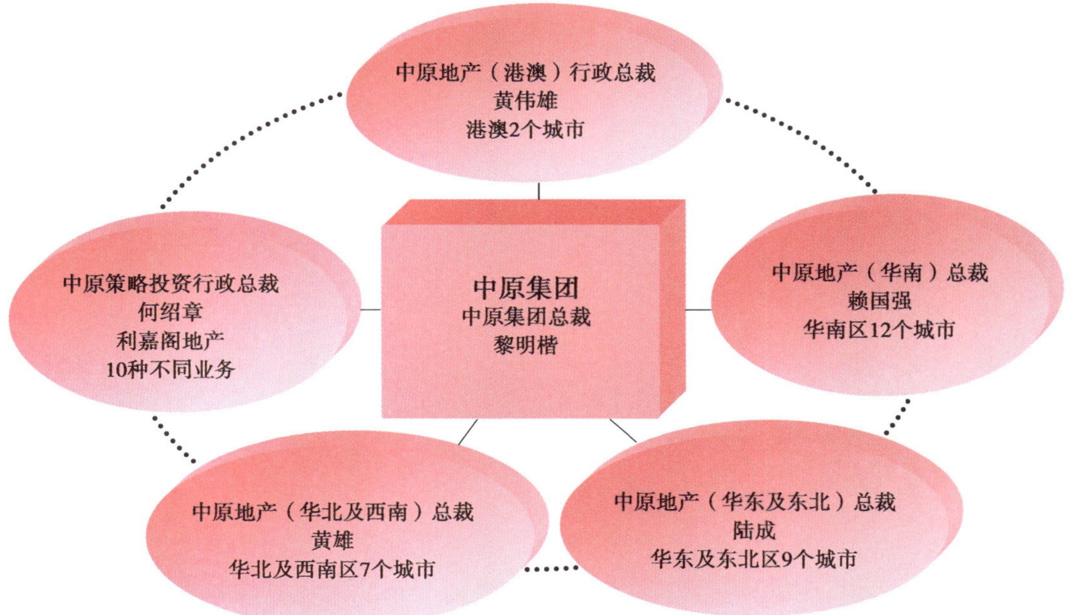

三、集团发展历程

年 份	内 容
1978	■ 中原地产代理公司正式成立。开业时，两位创办人王文彦和施永青只在旧万宜大厦别人的办公室分租一张写字台，但很快站稳阵脚，业务有所发展。
1979	■ 在士丹利街租用了第一间独立的办公室，并开始招聘员工协助工作。
1981	■ 在北角和富中心附近开设了第一间分行，尝试地铺式经营方法。
1982	■ 中英谈判有阻滞，楼市从高峰滑落，公司被逼关闭北角分行，退守中环写字楼。
1983	■ 中原经历了最困难的阶段，直到在愉景湾找到了立足点。
1984	■ 公司认为最困难的时期已过，又再恢复扩充，在砵甸乍街租用了一个更大的写字楼，首次有组织地以企业管理的方式去开展业务。中原的报酬制度以及培训制度也是在这个时期确立的。
1985	■ 在尖沙咀开设分行，加强九龙区的业务发展。
1986	■ 公司举办了一个名为“楼宇二手市场面面观”的公开研讨会，既评论市道，又为消费者争取权益，反映中原已经成长，希望在社会层面扮演角色，中原和传媒的良好关系亦是在这个时期开始建立起来的。
1987	■ 楼市进一步活跃，公司信心大增，迁往一级写字楼新世界大厦办公，员工人数首次突破一百人，还聘用了自己的测量师，以提高服务的专业质素。
1988	■ 中原首次获发展商委托，负责整个发展项目的销售策划工作，成功地在一周内，将香港仔景惠花园的两幢大厦的七成单位售出，为中原在代理一手楼盘方面打响名堂。公司并在这一年出了自己的信息刊物——《中原季刊》，由于信息丰富，评论有见地，其内容广为传媒引用，甚受市场重视。
1989	■ 香港楼市曾一度全面萎缩，以至公司不得不作战略退却的准备，部分部门精简了人手，一些扩展计划亦被逼暂停。随后中原又再恢复增长。
1990	■ 公司对外的业务发展顺利，但内部矛盾不断增加，两位创办人在管理理念上存在极大差异：施倾向无为而治，让员工充分发挥自主积极性；王则倾向严格执行规章制度，强调纪律训练，以增加员工战斗力。董事会内经常为一些枝节的问题争论不休，各董事不知所从，相继求去；王文彦接纳施永青的改组方案，让黄伟雄把其持有的三成香港住宅的股份换成一成的全公司股份，并可在施王争持不下时，投出决定性的一票，令公司的决策可以更有效率。 ■ “中原精英会”成立，这是业界首个精英组织。 ■ 黎明楷带领的中原项目部获委托独家策划及销售，由恒基兆业地产及粤海地产等著名发展商牵头发展兴建的番禺大型楼盘“洛溪新城”，令中原地产首涉足内地房地产市场，亦引入第一个内地项目来港销售。当时“洛溪新城”的销售取得空前成功，令中原看好内地房地产市场长远发展，此后积极开拓内地业务。
1991	■ 年初美伊沙漠风暴一役之后，形势明朗，楼市交投大增，公司业务在多方面都有大突破，但施王之间的争拗并未停止。施对后市较为乐观，倾向趁楼市升势进取发展，提升中原市场占有率。王对后市较有保留，倾向先整顿内部固本培元待定而后动。员工取态较接近施的观点，令王感到难以贯彻推行其管治理念。
1992	■ 王文彦于年初决定离开中原另谋发展，不再参与中原具体管理事务。自此中原营运由施永青主导，惟王文彦继续持有手上百分之四十五中原股权，以“在野股东”身份分担中原经营风险，并分享日后发展成果。 ■ 施永青开始感到中国房地产市场的潜力，采取“先进入再摸索”的策略，先在上海开内地的第一间合资公司，踏出内地发展的第一步。 ■ 有鉴于过去几年成功经验，中原项目部主动大规模引入珠三角楼盘到香港销售。
1993	■ 中原获委托独家策划及代理广东著名楼盘“雅居乐花园”，更建立了长期合作伙伴关系至今。
1994	■ 香港楼市又再狂热，公司趁机大开分行，由20间一下子增至50间，多了一倍。此外公司又把测量估价等专业服务独立，以中原测量师行名义运作，中原在这方面的业务渐渐脱离花瓶功能，变成有实质的盈利贡献。 ■ 决意发展当时行业法规尚未成熟的国内二手市场，于广州成立合作分公司并开设第一间地铺，提倡“公开信息，公平交易”的理念，并用专业服务精神带领业界发展。同年于北京开设合资分公司，踏足北方市场。
1995	■ 香港房地产市场出现了调整，但中原的分行仍增加了一倍，达到100间。并开始在信息科技方面的发展，逐步建立了自己的电子数据库。 ■ 为配合中原于内地业务的迅速发展，正式成立中国部，专责中国业务发展。
1996	■ 香港地产又在蓬勃起来，施永青感到炒风炽热，但认为是千载难逢的机会，应食尽这个势头，全面广开分行，一年之内已开了100间新分行，令分行数量达200间。 ■ 由于收入增加，中原得以在信息科技方面增加投资，中原网页在该年十月面世，向社会提供最实时、最全面、最具体的市场信息。所有土地注册处的交易登记，都可以在第二天在中原网页上看到。我们的口号是“公开信息，公平交易”。中原这项取态影响了全行的经营模式。 ■ 北京中原成立物业管理部，负责北京和华北地区物业管理业务；其后为了进一步体现物业管理业务的专业性，于2002年成立全独资公司北京中原华厦物业管理有限公司，负责内地的物业管理业务。

续表

年份	内容
1997	■ 楼市进入疯狂状态，在该年的首10个月，中原又开了100间分行，总量达到300间。惜好景不长，十月亚洲金融风暴爆发，楼市亦急转直下，全行都得重新适应新环境。 ■ 为完善服务，同年创立了中原按揭经纪有限公司。 ■ 于深圳开设合资分公司，是年初独家代理深圳豪宅东海花园一期及汇展阁，首创以抽签认购方式推售国内豪宅单位，揭开港人深圳置业风，当中深圳汇展阁更获国内权威杂志《南风窗》评为1997年十大杰出策划案例。
1998	■ 楼价大幅滑落，交投萎缩，佣金收入大减，竞争对手都极之恐惧，无不大幅削减分行。但中原由于没有参与投机，亦没有自置铺位，所受的压力不太大，可以因应市势，逐步减少分行，但仍可维持200间分行，并且一样录得盈利，中原的市场占有率在这段期间明显超越对手。 ■ 中原在内地的业务强劲增长，故将中国部独立，成立中原(中国)物业顾问有限公司。
1999	■ 楼价跌幅收窄，但跌势未止。中原进一步把资源调去发展信息科技，以便从根本上拉开与对手的距离。同时推出“为您 · 我做到”的服务概念，进一步提升市场竞争力。
2000	■ 竞争对手为扭转颓势，收购市场上排名在首五名之内的另一间代理公司，以图一次过重夺市场占有率方面的优势。对手这次大动作给中原住宅部的确造成了一定压力。然而在工商铺方面，中原成功趁对手把注意力放在住宅一手市场时，取得一定的突破，开始由长期落后进展为平分春色。 ■ 中原(中国)此时有重大突破，深圳及北京分行盈利显着，而上海与广州亦开始收支平衡，令公司有条件把业务进一步发至第二线的城市。与此同时，我们推出了与香港政府地政署合作的网上地图，其技术之先进与信息的丰富及使用的方便都令有识之士刮目相看。 ■ 为建立更完善的内地业务网络，率先于内地二线城市重庆及大连开设分公司，其中重庆中原更是当地首家外商独资地产代理公司，而中原(中国)亦成为首间于内地二线省市设公司的香港大型物业代理集团，员工总数也较正式成立时增加1倍，达600多人。中原(中国)成绩斐然，获市场肯定，与国内著名发展商中国海外地产签定协议成为长期战略性合作伙伴。
2001	■ 美国“9 · 11”事件后，中原未改其进取的心态，反而在此时全面收购了香港排名第三大的地产代理公司——利嘉阁。中原集团又重新成为香港住宅市场上占有率最大的公司。 ■ 二线城市的业务扩展迅速，短短1年间中原(中国)再于珠海、厦门、南京及天津开设分公司，全国员工数目亦增越至超过1000人。 ■ 为迎合市场需求，让公司服务走向专业化，中原(中国)与中原测量师行合办中原(中国)地产专业服务中心(后易名为森拓普顾问有限公司)，为国内发展商提供一连串专业服务，包括研究调查、土地评估、规划、建筑设计、商场招商策划及企业投资等。 ■ 中原(中国)的一手策划及代理业务再获市场著名发展商垂青，与香港及上海上市公司世茂中国集团签定长期合作伙伴关系协定，组成强强连手联盟。同年，获全国著名发展商万科地产委托独家代理及销售深圳“金域蓝湾”，成为万科地产惟一代理商，订定了日后长期合作基础。
2002	■ 由于利嘉阁的加入，中原集团更加成型。 ■ 于浙江、沈阳、四川增设独资分公司。
2003	■ 香港楼市经过几年的低潮，由1996、1997年的投机市场转变为用家市场，物业买家亦趋成熟，对服务素质要求日高。而向来为楼市“火车头”的豪宅市场，顾客于这方面的诉求更为明显。中原为回应顾客，开拓副品牌“中原豪宅STATELYHOME”。 ■ 同时春夏交替之际，香港爆发未有先例的疫症“SARS”，大规模爆发SARS的“淘大花园”，居民被隔离。由于未有医治药物，人人自危，香港经济受到严重影响，楼价下滑。“SARS”旋风式袭港后消失，2003年下半年楼市回复，尤以豪宅市场的走势最理想。“中原豪宅STATELYHOME”全力发展，除了自己的商标，更加入了不少项目设计，强化副品牌的视觉效果。 ■ 再于山东、中山、佛山设立独资分公司。 ■ 内地二手业务走向成熟，全国二手店铺突破100家。 ■ 而浙江中原更于2003年与浙江省中国银行签定合作协议，开设客户服务中心，成为第一间可于中国银行内开设专有柜位的地产代理机构。 ■ 与国内著名发展商SOHO中国合作，获委托独家代理及销售北京“建外SOHO”，成为该集团首间委托的代理商
2004	■ 中原的工商铺部门表现亦日益理想，更发展成副品牌“中原(工商舗)” ■ 推出中原豪宅网站 www.statelyhome.com.hk ■ 中原地产亦进军澳门市场，将本港营运模式引入澳门市场。 ■ 同年首次获“雅虎香港”网民选为“Yahoo!感情品牌”。 ■ 中原(中国)进一步拓展全国网络，2004年于东莞、长春及河南开设分公司。 ■ 为了全面提高客户服务水平，优化中原(中国)的客户关系管理，中原(中国)率先于深圳中原成“中原会”，为当地超过22万中原客户提供更精彩的会员服务。 ■ 再一次引证到中原(中国)的成绩得到各大发展商认同，与百仕达集团签定更紧密合作伙伴关系协议。

续表

年 份	内 容
2005	■ 中原地产获选为“香港服务名牌”及“网上最受欢迎香港服务品牌”；该选举活动由香港品牌发展局及香港中华厂商联合会主办。 ■ 为了进一步宣传豪宅品牌，中原豪宅STATELYHOME由前线主管中挑选了一位作为豪宅大使。 ■ 建立“中视网”，为消费者提供楼市影像讯息，包括楼盘片段及评市专访。 ■ 利嘉阁，公司盈利达标，后勤员工获发5个月月薪特别花红，并同年成立专业培训中心。 ■ 此外，中原集团为拓展澳门业务，于澳门再开设利嘉阁澳门。 ■ 内地业务方面，于2005年初于河北开设分公司，及后湖北开设分公司。 ■ 为进一步推动国内房地产信息透明化，中原(中国)地产研究中心率先于同年3月公布具代表性的中原(上海)领先指数，亦会继续采用科学的计算编制方法，分城市定期发布的分类市场价格指数系统，并于同年底开始预备出版中国房地产指标性工具书刊——中原地产红皮书，贯彻“公开信息 公平交易”的方针。
2006	■ 中原训练学院于2月正式成立，为中原地产员工提供多元化的持续进修课程，包括由地产代理监管局倡议的持续专业进修课程活动。 中原地产成立监察部，加强对前线于日常运作的监察，同时于训练及多个方面进行整顿。 ■ 利嘉阁成立“利嘉阁蓝色力量慈善会”（简称：“蓝善会”），本着“施比受更有福”的精神，致力透过公益服务回馈社会。 ■ 厦门中原由于长期录得亏损，管理层最终决定注销厦门中原，暂时结束在该区的业务。 ■ 2005及2006年内地房地产市场，虽受宏观调控政策所影响，但整体上仍无碍进军内地发展已超过10年中原(中国)的扩展，每年业务均有稳定的增长，截止2006年底，中原(中国)于国内22个大城市设立分公司，全国员工数目超过10000人，各地办事处及店铺数目达500间，成为中国境内网络最大的跨城市地产代理集团。
2007	■ 中原获选为“卓越服务名牌”。 ■ 加强信息科技的发展，整合中原旗下多个网站。“中原地图”推出“易搜笋盘”功能，突破性地在电子地图接口上显示楼价分布、放盘分布及笋盘分布等信息，方便顾客。而“中原网页”亦推出更新版。 ■ 中原训练学院与香港大学潘锦溪商业研究学院合作，安排分行经理及以上级别的管理人，修读为期五日的“优质服务证书课程”，为销售管理团队注入服务流程管理的概念。 ■ 中原集团日益壮大，黎明楷擢升为集团副主席。 ■ “中原员工协会”成立，为在职而职级属董事级以下的员工，建立一个非牟利的组织，透过康乐活动以加强会员之间的联系；维护会员的利益；并扮演会员与中原地产之间的沟通桥梁，代表会员向中原地产的管理层反映意见。 ■ 利嘉阁的工商铺业务以利嘉阁(工商铺)品牌运作。 ■ 中原于内地再进一步扩展业务，先后成立两间第二品牌的地产代理公司，分别是深圳信誉家及上海宝原，争取更高的市场份额。 ■ 同年在惠州、福州及无锡设立分公司。
2008	■ 成立30周年，推出大型的广告宣传活动，并且总结中原成功经验，加强服务因子，打着“凭创见、走到更前”的旗号，强化为顾客“谂多一步、做多一步”的服务宗旨。 ■ 管理层全力推动“谂多一步、做多一步”的服务宗旨，安排分行经理讨论及检讨服务流程。 ■ “中原网页”再有突破，推出“代理个人笋盘Blog”，既方便顾客于网上搜寻盘口，亦为前线员工提供网上个人推广平台。 ■ 于苏州设立分公司。 ■ 利嘉阁在香港拥有分行约110间，及超过1300名专业地产代理从业员。利嘉阁(澳门)已拥有9间分行，及约100名专业地产代理从业员，分行网络遍及澳门半岛及氹仔等主要地区。并连续5届(第36至40届)共19人，获得由香港管理专业协会及市场推销研究社颁发的「杰出推销员奖」。 ■ 中原集团员工数目已逾两万人，开铺数目超过一千间，品牌形象逐步建立。后受全球金融危机影响，中原集团全线收缩规模。
2009	■ 利嘉阁进军内地市场，子品牌利尊地产在上海成立。 ■ 中原地产再于昆明及长沙开设分公司。 ■ 经历金融危机风暴的中原集团，凭借对市场的准确判断及顺势而为的灵活策略，在市场上不断突破纪录，创下历史新高。 ■ 黎明楷升任中原集团总裁。 ■ 中原集团业务重组，划分为五大版块，并开始着手统一中原地产品牌。
2010	■ 中原地产版图进一步扩大，于海口开设公司。 ■ 截止2010年8月底，中原集团于全国三十个城市设有分公司，业务辐射至全国过百城市，员工总数目达两万五千人，开铺数目超过一千三百间，是目前房地产代理行业内最具规模的企业之一。

四、中原大事记（2009年～2010年）

1. 公司殊荣

获奖机构	荣　誉	颁发机构
中原集团	2009中国最具影响力地产企业	博鳌房地产论坛
	中国地产风尚大奖——2010中国最具价值地产服务品牌	博鳌房地产论坛
	中国驰名商标	国家工商总局商标评审委员会
	2009中国十大品牌房地产中介机构	中国房地产经纪人大会
北京中原	2009年北京标杆营销机构	新京报
	最受网友欢迎经纪公司	2009～2010楼市“奥斯卡”
	2009年新浪乐居金牌代理行	新浪乐居创新峰会
	2009中国地产经纪年度品牌机构奖　中国地产新视角·金牌地产综合服务机构奖	搜狐焦点网
上海中原	2010年中国企业文化十佳单位	中国文化管理学会
	2009年诚信企业	上海市房地产经纪行业协会
	2009/2010年金桥奖房屋中介二十强、营销代理二十强	上海房地产经纪行业协会
重庆中原	渝中区优秀非公有制经济企业	中共渝中区委、渝中区人民政府
	2010年度重庆市3.15诚信房产中介机构	重庆时报
	2009年度诚信中介企业	重庆晨报
	2009中国别墅金牌置业经纪公司	2009第六届中国别墅节
四川中原	成都楼市营销策划大奖 2009年成都房地产经纪行业十大品牌机构 2009年度成都市房地产经纪行业优秀经纪机构（代理） 2009年度成都市房地产经纪行业优秀经纪机构（居间）	2009年中国成都楼市总评榜
	第七届“金芙蓉”杯成都年度营销顾问机构 第七届“金芙蓉”杯年度杰出品牌地产经纪机构	第七届“金芙蓉”杯颁奖盛典
深圳中原	2009年中国房地产经纪行业最佳雇主企业奖	中国房地产经纪人大会组委会
	2009普利策年度中介大奖	北京大学、南方报业传媒集团
天津中原	胡润（天津）品牌价值企业TOP100	今晚传媒
	中国地产经纪2008年度品牌机构奖	搜狐焦点网
	“3.15”天津房地产中介诚信联盟单位	天津市房地产经纪行业协会
	2009年度功臣企业	天津市和平区人民政府
山东中原	2009年最佳营销策划团队	搜狐焦点
	2009年济南最具影响力品牌代理机构	搜房网
	2009年济南商业地产三强	济南时报
湖南中原	2009年度长沙十大人气房地产服务机构	搜房网
	2009年度十佳金牌代理行	新浪网
	2009年度中国湖南最值得信赖的代理公司	搜狐焦点
湖北中原	2009年湖北房地产金牌营销代理机构	湖北日报传媒集团
浙江中原	2009最受网友喜爱的十大品牌中介	中国房地产协会、搜房网
无锡中原	2009无锡五大最具影响力房地产营销机构	第二届　中国·无锡楼市总评榜
东莞中原	2009年度品牌代理企业	东莞时报
珠海中原	2009年度最佳营销代理机构	中山日报

续表

获奖机构	荣　誉	颁发机构
利嘉阁	大中华企业品牌年奖2010	盛世颁发
	连续5年获“全港消费者最喜爱香港名牌 - 金奖品牌”(2006～2010年) 连续3年获“中国《信誉企业》品牌认证”殊荣(2008～2010年)	全港消费者最喜爱品牌评选
	商界展关怀Caring Company(2005～2010年)	香港社会服务联会
	有心企业(2005～2010年)	香港青年协会
	杰出企业策略大奖2009 香港经典品牌2009	东周刊
华夏物业	“金管家”最佳诚信服务企业	中国物业管理行业协会
	获ISO9001:2008质量体系认证证书	SGS公司认证

2. 领袖风采

■ 中原集团主席施永青受邀出席2009“‘金三角’新机遇——珠三角一体化人居发展”论坛

2009年4月8日，中原集团主席施永青受邀出席由《南方都市报》及广东省房地产协会主办的“‘金三角’新机遇——珠三角一体化人居发展论坛”，与国家、省、市级政府领导，知名学者和业界代表齐聚广州共议珠三角一体化人居的规划发展。论坛围绕国务院颁布的《珠江三角洲地区改革发展规划纲要》展开，探讨“从国家发展战略局面看珠三角发展纲要的重大意义”等议题。施永青先生发表了《从调控到救市到振兴——中国房地产业走向复苏的政策支持》的主题演讲。

中原集团主席施永青受邀出席2009“‘金三角’新机遇——珠三角一体化人居发展”论坛

集团主席施永青应邀参加“2010博鳌房地产论坛”

集团总裁黎明楷获2009年房地产经纪行业领袖人物奖

集团总裁黎明楷出席“2010第十届中国房地产发展年会”

集团总裁黎明楷受邀作客“中国经营者”

集团总裁黎明楷受邀作客“波士堂”

■ 集团主席施永青应邀参加“2010博鳌房地产论坛”

2010年8月11日～14日，观点地产新媒体主办的“2010博鳌房地产论坛”在海南博鳌开幕。集团主席施永青先生应邀参加，与各地房产商掌门及精英学者们，共议“新政下的中国房地产”。施主席作《中国经济崛起中房地产扮演的角色》之演讲，并获得“2009中国最具社会责任企业家”称号。

■ 集团总裁黎明楷获2009年房地产经纪行业领袖人物奖

2009搜房网首届中国房地产经纪人大会暨第三届中国房地产经纪人大赛颁奖典礼于上海浦东假日酒店隆重举行。中原集团在此次的评选中，获得众多奖项。中原（中国）荣获2009中国十大品牌房地产中介机构奖，中原集团副主席黎明楷和上海中原董事总经理谭百强分别获得“2009年房地产经纪行业领袖人物”奖和“行业最佳伯乐”奖；上海中原荣获“最佳雇主企业”奖。

■ 集团总裁黎明楷出席“2010第十届中国房地产发展年会”

2010年3月12日，由国务院发展研究中心企业研究所、清华大学房地产研究所、中国指数研究院联合主办，搜房网独家承办的主题为“中国房地产未来十年”的“2010第十届中国房地产发展年会”在北京盛大召开。本届年会从思想、政策、产品、创新四个维度对中国房地产未来十年的发展趋势进行深度思辨。中原集团总裁黎明楷应邀出席，获“影响中国房地产经纪行业未来十年领袖人物”奖项，并在会上对房地产经纪行业未来十年的发展趋势做深度预测，他认为，未来十年销售模式必将转变，而中介行业的发展关键在于信息的配对和谈判。

■ 集团总裁黎明楷受邀作客“中国经营者”

2010年5月7日，第一财经频道“中国经营者”栏目在上海中原总部对集团总裁黎明楷进行了长达2个小时的专访，请他畅谈了新政出台后三周的市场走势、中原地产的应对策略以及公司未来的发展方向。黎明楷认为，一系列出台的新政打击精准，投机型客户被大量挤出。尽管短期内成交量急速下跌，但是从长远来看依然看好内地楼市。他还表示，中原集团已经“备足粮草，准备过冬”，应对方法也完全秉承一贯的经营宗旨“无为而治”，集团层面不做过多判断与评价，各个分公司因地制宜、因境制宜，各自采取“自然”的方法顺应当地的环境和自身的需要来决定是扩张还是收缩。该期节目并于第一财经、宁夏卫视、香港NOW财经台、CNBC亚太和北美频道播出。

■ 集团总裁黎明楷受邀作客“波士堂”

2010年8月20日，中原集团总裁黎明楷作客第一财经王牌栏目“波士堂”，这是继2年前施永青主席担任嘉宾后，中原集团的第二位高管坐上该节目的标志性红沙发。作为地产风云系列节目的开篇之作，在主持人袁鸣以及三位观察员的轮番轰炸下，黎明楷从容不迫、侃侃而谈，在镜头前游刃有余、风范尽显。曲折坎坷的打工经历、低碳环保的生活方式、无为而治的管理模式，在荧屏前被一一展现，也让现场观众深刻感受到了黎明楷的个人魅力以及中原在他身上留下的深深烙印。现在由黎明楷总裁带领的中原家族正稳步前进，无为而治贯穿始终，并且同时开始尝试金融服务业，欲开启一片新天地。该期节目于10月中旬在第一财经、宁夏卫视、香港NOW财经台、CNBC亚太和北美频道播出。

五、中原慈善

1. 慈善团体

1）中原慈善基金

中原慈善基金有限公司（简称基金）于2004年10月成立，是一间在香港注册的非牟利慈善团体。其成立目的有四点：一是支持本地及国内的扶贫救灾工作；二是促进本地的社会福利服务；三是促进及发展本地的教育及学术研究工作；四是协助本地有各样困难的青少年在本地及海外学习。基金的资金主要来自中原集团有关的公司，按每年纯利的一定百份分比，捐赠给予基金，以回馈社会作慈善用途。此外，资金亦有来自中原集团、中原地产、中原精英会的个别同事，他们认同基金的慈善工作而作出慷慨捐赠。

2）利嘉阁蓝色力量慈善会（简称“蓝善会”）

2006年，利嘉阁成立「利嘉阁蓝色力量慈善会」（简称“蓝善会”），秉着“施比受更有福”的精神，致力透过公益服务回馈社会。蓝善会自2004年至今，参与、举办超过30项慈善及公益活动，而历年捐助予各慈善机构之善款接近1,800,000元，未来将会继续以爱心及行动，关怀社群，回馈社会。

3）上海中原爱心社

2006年，上海中原打造学习型团队的“飞鹰计划”全面启动。同时确定三条主线“学习”、“公益”、“交流”，爱心社作为企业文化的需求和公益活动的载体应运而生。根据活动范围，爱心社细分为：义卖组、扶贫组、爱幼组、敬老组、环保组共五个组别。爱心社会长是上海中原副总经理陈宇珏女士。成立以来，爱心社组织过多项活动。

4）天津中原爱心社

天津中原爱心社成立于2009年9月1日，以“奉献爱心、服务社会”为主要宗旨，精英会成员为其主要社员，且全体同仁自愿参加。爱心社成立之初曾组织“母亲水窖1+1”捐款等活动，今后每年预计组织1～2次爱心活动。天津中原爱心社将秉承中原“上善若水”的文化，发动社内成员在力所能及的范围内，对最需要我们帮助人进行长期的、有效的和持久的支持，为社会的发展和进步做出应有的贡献。

2. 慈善活动（2009～2010年9月）

1）中原地产——母亲水窖1+1爱心联动全国

2009年9月1日第四届中原日发起，为贫困干旱地区修建水窖的“母亲水窖1+1爱心联动全国”活动在中原地产各下属分公司展开，活动历时一个多月共募集善款逾160万元，汇入中国妇女发展基金会指定账户。首笔捐款80.9946万元已投入修建甘肃会宁县平头川乡万曲村及会宁县太平店镇何川村集中供水工程，余下款项将继续用于修建其他水窖，具体地址经中国妇女发展基金会考察后确定。此外，中原秉承“来源于社会，服务于社会”的慈善理念，不断为社会公益慈善事业贡献力量，多次参与公益事业，如为偏远山区捐建希望小学、帮助残疾人、积极参与环保等。

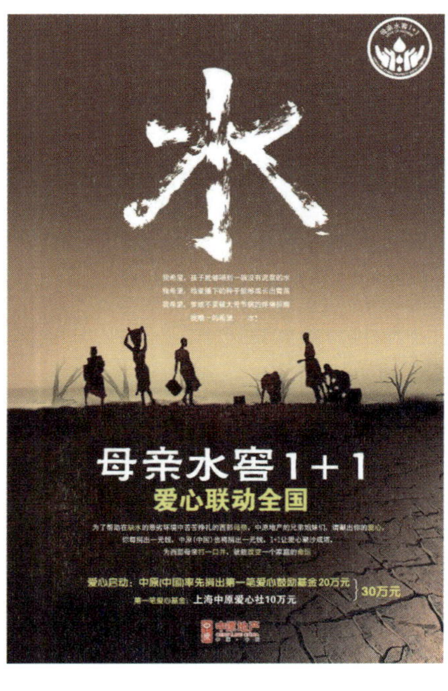

2）香港中原——再次支持“梦想成真在圣诞计划2009”

2009年11月，香港中原向基督教灵实协会之“梦想成真在圣诞计划2009”提供50万港币的公益资助，是为辖下单位的100名服务使用者实现梦想，是次计划的受惠者，主要是长者、发展障碍儿童、低收入或综援家庭、智障、伤残人士及灵实医院病人。

3）香港中原——关注戒毒青少年

2009年12月，香港中原向基督教得生团契所属的青少年福音戒毒康复综合训练村提供200万港币的公益帮助，支持戒毒村重建计划，以配合政府及社会各界，对青少年滥用药物的关注及戒毒工作的需要。

4）香港中原——支持残疾人士无障碍摄影比赛

2010年2月，香港中原为香港康复会举办的“第12届长者及残疾人士交通及运输服务国际大会(Transed 2010)无障碍共融社会摄影比赛”，提供14.5869万港币的资金支持。希望透过摄影比赛，唤醒大众需要关心残疾及老弱人士在日常生活中，特别是在交通及运输方面的需要，以让残疾人士能无障碍地融入小区，令香港成为一个“无障碍城市”。

5）香港中原——助力“黑暗中的对话”活动

2010年2月，香港中原为“黑暗中的对话”活动提供20万港币的资金支持，为从事盲人教学的相关人员提供培训方案，以提高盲人的公众接受度。

6）香港中原——热心支持“画·彩虹”江西之旅

2010年5月，香港中原参加主题为2010青少年交流团“画·彩虹”江西之旅活动，并向10位家庭经济困难的参加学生提供2.5万的资助。

7）香港中原——支持宝达妇女会发起“有脑行动”

2010年5月，宝达妇女会发起“有脑行动”，针对村内的儿童、妇女、长者及双待青年服务使用者，授予不同的计算机应用技巧，让青年有一技之长，亦可助人自助。香港中原热心参与支持，并提供22万港币资金支持。

8）香港中原——支持中学生微型小说创作赛

2010年5月，汇知中学举办“汇知·世界中学生华文微型小说创作大赛及第八届全港微型小说创作大赛”，意在联系本地及内地及海外华人社会，让各地的同学参与文学创作的交流。香港中原予以14.32万港币资金支持。

9）香港中原——玉树大地震募捐123万港币

2010年4月青海玉树县发生7.1级大地震，香港中原地产随即发动募捐行动。

各员工均义不容辞向玉树灾民伸出援手，筹得逾61万元港币，香港中原地产就员工所捐出款项作出对应捐款，令总捐款额飙升至123万元，善款全数捐赠予香港红十字会，协助当地赈灾重建之用。

10）香港中原——赞助青少年追寻梦想系列活动

香港中原赞助了由“香港中华厂商联合会－青年委员会”主办的青少年暑期活动“无限可能‘爆SEED’‘升呢’大行动”，目的是协助一班青少年在追寻梦想的过程中，尽量发挥潜能，做到齐齐升Level。为了提升活动的意义，主办机构还特别招募了一群较为被动内向的青少年参与，帮忙他们寻找人生的目标，重拾自信。这正好配合香港中原的宗旨——把关爱带到社群，构建和谐的社区。

11）利嘉阁——青海玉树强震捐款救灾行动

2010年4月14日清晨，青海省玉树藏族自治州发生7.1级强烈地震，为了帮助地震灾民解决燃眉之急，以及日后重建家园，发扬公司以“家”为本的精神，蓝善会发起“青海7.1强震捐款救灾行动”，大家慷慨解囊，共襄善举。同时，公司为了积极支持是次震灾筹款，亦发起“员工捐一元、公司捐一元”的等额捐款行动，希望加倍爱心送到灾民手上。共筹得50万港币，所有善款将支持“乐施会”进行灾后的救援工作。

12）利嘉阁——我们都是有心人——与长者同游花展

蓝善会每年均会透过香港青年协会之“有心计划”，联合同学校义工队，举行长者探访活动。2010年3月25日，蓝善会就联同学校义工同学，趁香港维多利亚公园举行“2010年香港花卉展览”，为行动不便、需以轮椅代步的长者举行一次户外活动，让这群长者亦能够开怀地畅览花展，感受欢乐气氛。

13）利嘉阁——《未来战士2018》慈善电影欣赏会

由2007年开始，蓝善会每年均会举办一次大型慈善电影欣赏会。自四川大地震发生后，利嘉阁均时刻关心当地灾后情况及重建事宜，故这次（2010年6月3日）决定再接再厉，藉慈善电影欣赏会继续为四川大地震灾后重建工作筹款，希望透过这次活动为乐施会灾后重建四川工作筹募经费，同时借此难得机会，与集团各同事加强彼此联谊。本次活动募集善款4.0590万港币。

14）利嘉阁——慈善麻雀王大赛

2009年9月15日，蓝善会联同精英会合办“利嘉阁慈善麻雀王大赛”，目的除借着麻雀耍乐增进同事间彼此交流外，亦同时为“庭恩儿童中心”筹集善款经费，为有需要的言语障碍儿童出分力。“庭恩儿童中心”为注册非牟利机构，致力为低收入家庭、有特殊需要的儿童及青少年提供专业言语治疗、言语评估和训练服务，借此希望帮助有沟通障碍的儿童及青少年重新融入社会。本次活动共募集4.1万港币。

15）利嘉阁——复活节长者探访活动

自2005年起，蓝善会每年都会联同“有心计划”的学校义工队举办长者探访活动，2009年4月9日趁复活节前夕联同学校义工同学，探访路德会黄镇林伉俪安老院，并与长者齐玩游戏及闲谈，又派发小礼物预祝佳节，以表心意。

16）上海中原爱心社——主办“世博在你眼前慈善在我心中”义卖会

2010年7月6日，上海中原携手江苏路街道办以及交通银行、光大银行、中国电信等社区内多家爱心单位在弘基广场举行“世博在你眼前 慈善在我心中”社区大型慈善捐赠、义卖活动。临中原爱心社的义卖物资几乎全部销售一空，此番慈善义卖共计卖出200余件物资，筹款1300余元，所有爱心义卖所得将全部用于慈善事业，让需要帮助的人及时得到援助。

17）上海中原爱心社——第五届中原日以拍卖形式在为上海启智学校学生筹款

自2006年上海中原爱心社与启智学校结成爱心联盟后，一直持续不断的关心这一群残障孩子，2010年第五届中原日之际，上海中原爱心社再次奉献爱心，以拍卖形式为这群孩子捐款。每年开学之际，上海中原爱心社均会为启智学校准备“中原启智园地手工室”教学的材料，一点点的陶泥、画纸、彩笔，却让孩子们感受到孩子们感受到浓浓爱意。

18）深圳中原——援建希望小学及青海玉树赈灾慈善捐款

2010年4月，由深圳中原精英会在分公司内部，倡导发起关于为江西定南县的贫困孩子建造一所属于他们自己的希望小学的爱心捐款活动，活动进行中发生了“4.14青海玉树地震”，深圳中原随即发出又一倡议，在为希望小学捐款的同时，向玉树灾区人民伸出援助之手，帮助他们渡过难关，战胜灾难。本次活动共募集善款840957.40元人民币。

19）天津中原——第五届中原日庆典中成立爱心助学联盟

2010年9月1日，在欢度第五届中原日之际，天津中原未忘记回馈社会，多次资助贫困学生完成学业，并于第五届中原日庆生活动中，成立爱心助学联盟，当场启动助学公益金活动，同时联合搜房网一起参与2010年的爱心募捐活动。搜房网主编赵永芳女士亲临现场那个，感触于中原人的热情和爱心，表示搜房网将全程跟踪报道。

20）重庆中原——向玉树灾区捐款

2010年4月甘肃玉树发生大地震，为了能让灾区同胞早日脱离困境，重庆中原众人一心，火速筹集捐款，共筹集捐款达到￥15971元。“一方有难八方支援”，重庆中原爱心捐款一定会让灾区同胞感受到同为华夏民族的浓浓深情。

21）珠海中原——环保卫士服务活动

为弘扬珠海中原感恩与回报的精神，普及义工文化，在2009年中原日之际，珠海中原企划部与珠海市香洲区义工联携手组织中原同事参与、体验了义工活动——海滨公园暨海滩公共绿地清扫、环保卫士活动，并于当日成立了“中原义工服务队”。

22）惠州中原——“心系灾区　爱心传递”为西南旱灾捐款活动

2009年12月份以来，持续少雨干旱导致云南、广西、贵州、四川、重庆西南五省市持续干旱，令近2000万人饮水困难，千余万亩农作物受灾。惠州中原各同事在公司领导积极响应并带头献出自己的爱心同时，各项目组同事（包括惠阳同事）统一行动，截止4月12日，经过10多天的筹集，共为西南旱灾地区筹得善款人民币5881.7元。